Arno Fischbacher
Voice sells!

Für Margret

Arno Fischbacher

Voice sells!

Die Macht der Stimme im Business

Bibliografische Information der Deutschen Nationalbibliothek

Die Deutsche Nationalbibliothek verzeichnet diese Publikation
in der Deutschen Nationalbibliografie; detaillierte bibliografische Daten
sind im Internet über http://dnb.d-nb.de abrufbar.

ISBN 978-3-86936-592-3

Lektorat: Dr. Michael Madel, Ruppichteroth
Umschlaggestaltung: Martin Zech Design, Bremen | www.martinzech.de
Umschlagfoto: Pavel Vakhrushev/shutterstock
Satz und Layout: Das Herstellungsbüro, Hamburg | www.buch-herstellungsbuero.de
Druck und Bindung: Salzland Druck, Staßfurt

www.gabal-verlag.de
www.facebook.com/Gabalbuecher
www.twitter.com/gabalbuecher

Inhalt

Vorwort von Dr. Hans-Georg Häusel

Emotional Booster »Stimme«

Bei jeder (Kauf)Entscheidung geht es immer um das eine: unsere Emotionen. Die Hirnforschung beweist es eindeutig: Nur Emotionen sind es, die einem Produkt, einer Dienstleistung, einem Vortrag oder einer wichtigen Verkaufspräsentation Wert geben. Situationen oder Dinge, die keine Emotionen auslösen, sind für das Gehirn nicht verwertbar und damit wertlos.

Unternehmer, Redner, Experten und überhaupt jeder, der etwas verkaufen oder eine Botschaft transportieren will, sind also aufgerufen, ihr gesamtes Angebot konsequent zu emotionalisieren und so dessen Wert, Überzeugungskraft und in letzter Konsequenz dessen Gewinn zu steigern. »Emotional Boosting« nenne ich diese Vorgehensweise.

Das emotionale Gehirn regiert die Welt

Dieser Ansatz stellt eine gänzlich neue Form des Marketings dar. Eines Marketings, das konsequent aus Sicht des emotionalen Gehirns aufgebaut ist. Emotional Boosting bedeutet nichts anderes, als jedes auch nur so winzige Detail, ob im Bereich Produkt, im Service, im gesamten Verkaufsprozess oder auf den Verkaufsflächen, emotional noch einmal zu verstärken. Denn es ist eine Illusion, heute noch an einen bewussten und rationalen Kunden zu glauben, der uns auf Knopfdruck seine Wünsche kommuniziert. Durch Emotional Boosting können wir die zahlreichen, ja die Abertausenden Kaufknöpfe in den Hirnen unserer Gegenüber, unserer Kunden eins zu eins erreichen und diese dazu bringen, das zu tun, was wir wollen: nämlich zum Kauf zu schreiten!

Emotional Boosting – das ist die hohe Kunst der Kaufverführung! Ja, richtig, das kommt einer Manipulation sehr nahe, aber Manipulation und Verführung sind nun einmal untrennbar mit der menschlichen Art und Weise des Seins verbunden, daran führt kein Weg vorbei.

Der geheime Verführer »Stimme«

Dazu kommt: Echte Verführung wirkt niemals nur auf einer Ebene. Raffiniert nach den neuesten Erkenntnissen der Psychologie aufgebaute Verkaufsflächen und Geschäftsräumlichkeiten nützen wenig, wenn ein ganz bestimmter geheimer Verführer vernachlässigt wird. Nämlich der geheime Verführer »Stimme«.

Ich kann jedem Verkäufer, jeder Führungskraft, jeder jemals öffentlich sprechenden Person nur raten, die Bedeutung einer trainierten und wohlklingenden Stimme niemals zu unterschätzen. Es liegt nahe: Je nachdem, welche Töne wir produzieren, wirken wir sehr gut oder eben weniger gut. Unsere Stimme sorgt machtvoll, aber unbewusst für Sympathie und Überzeugungskraft. Unsere Stimme beeinflusst subtil alle unsere Ergebnisse. Mit einem Satz: »Voice sells!«

Ich bin der festen Überzeugung, unsere Stimme ist einer der wichtigsten zusätzlichen Emotional Booster, der uns unterstützt, einen der Abertausend Kaufknöpfe in den Gehirnen unserer Kunden richtig zu justieren! Die menschliche Stimme ist unsere wichtigste Marke, der wir extreme Aufmerksamkeit widmen sollten! Unsere Stimme ist unser bedeutendster, persönlicher Markenausdruck. Unsere eigene, einzigartige, ganz persönliche »Brand«! Bedenken Sie diese Einmaligkeit: Niemand auf dieser Welt verfügt über dieselbe Stimme wie Sie. Niemand außer Ihnen hat damit ein zweites Mal die faszinierende Möglichkeit, auf eine ganz bestimmte Weise eine bestimmte Emotion und damit einen ganz bestimmten Kaufimpuls auszulösen.

Ihre Stimme als Alleinstellungsmerkmal

Nutzen Sie, geehrte Leser, dieses einzigartige Alleinstellungsmerkmal schon entsprechend? Sind Sie sich der gigantischen Macht Ihrer Stimme als Kaufverführer bewusst? Setzen Sie sie gezielt ein, um Ihre Ziele konsequent zu verfolgen, besser zu wirken und dadurch mehr zu erreichen? Sollte dies nicht der Fall sein, wird die Lektüre dieses Buches meines Kollegen Arno Fischbacher Sie nachhaltig davon überzeugen, die Kunst des »Voice Sells!« zu praktizieren.

Arno Fischbacher repräsentiert durch seine langjährige Tätigkeit als Schauspieler und Stimmcoach sowie als Vortragsredner und Trainer die Stimme der Wirtschaft par excellence. Was dieses Buch ganz besonders praxisnah macht: In »Voice sells!« geht es nicht um langwierige Stimmtraining-Methoden à la Korkensprechen, sondern vielmehr darum, die richtige und rasch wirksame Methode zur richtigen Zeit anzuwenden. Sie als Leser erfahren, wie Sie Ihre Stimme in den verschiedenen Phasen Ihrer Gespräche und Präsentationen so einsetzen, dass beim Zuhörer sofort die erwünschte Wirkung eintritt. Mit der richtigen Mischung aus Stimme, Rhetorik und Körpersprache erhalten Sie so die Sicherheit, in auch schwierigen Situationen stimmig aufzutreten und jederzeit wirklich gehört zu werden.

Zögern Sie nicht länger, verführen Sie auf allen Ebenen, bis ins letzte Detail und mit allen Ihnen zur Verfügung stehenden emotionalen Instrumenten und Methoden. Verkaufen Sie Ihre Produkte und Ihre Persönlichkeit mit einem stimmigen Gesamtpaket! Nutzen auch Sie die Macht Ihres ganz persönlichen Emotional Boosters »Stimme« für mehr Erfolg und Überzeugungskraft in allen Lebensbereichen.

Ihr
Dr. Hans-Georg Häusel

Klangfarben der Persönlichkeit

Schließen Sie einmal die Augen und stellen Sie sich folgende Situation vor: Ihr Chef bittet Sie ans Mikrofon. Vor Ihnen sitzen rund 50 Kollegen. Die schweigen. Die starren Sie an, voller Erwartung auf Ihre Präsentation zur neuen Kampagne. Die Stille klingt fast laut in Ihren Ohren. Sie wissen, dass der Anzug sitzt und die Technik funktioniert. Sie sind gut vorbereitet – und doch beschleicht Sie die Angst, dass eines versagt: Ihre Stimme.

Es ist kein Geheimnis, dass bei jeder Begegnung der erste Eindruck zählt. Innerhalb weniger Sekunden scannt Ihr Gegenüber die Körperhaltung, den Gesichtsausdruck, die Kleidung. Er beobachtet, ob Sie federnd oder schleichend den Raum durchqueren. Er nimmt Ihr Lächeln in den Mundwinkeln wahr. Ein zugewandter Blick steigert die Punktzahl in diesem Sprint um Applaus. Das alles wissen Sie, wenn Sie mit ausufernder Geste sagen: »Herzlich willkommen!«

> **Hält Ihre Stimme, was Ihr Auftreten verspricht?**

Die Präsentation ist eröffnet – aber der Erfolg liegt noch in weiter Ferne. Um ihn zu packen, brauchen Sie einen langen Atem und eine gehörige Portion Rhetorik. Kein Brioni-Anzug und kein Chanel-Kostüm werden Ihnen nutzen, wenn Ihre Stimme nicht hält, was Ihr Auftreten verspricht. Dann bleibt es am Ende eine Inszenierung, die wie eine Seifenblase zerplatzt.

Sobald Sie den Mund öffnen, tritt Ihr Styling in den Hintergrund. Es wird zu einer netten Dekoration, zu einem Sympathiefaktor, der nur zu Beginn der Präsentation eine Rolle spielt. Aber eine Wertschätzung als Gesprächspartner, als Experte Ihres Metiers, erhalten Sie nur, wenn Ihre Sprache und deren Muster überzeugen. Mit dem ersten Wort, das Sie an Ihre Zuhörer richten, liegt deren Konzentration auf Ihrem Ton. Ob Sie gelassen sind oder ob die Töne flattern, ob Sie die Wörter pressen oder ihnen Resonanz verleihen – Ihre Botschaft gelangt nur mithilfe Ihrer Stimme in die Köpfe Ihrer Zuhörer. Und seit Aristoteles wissen wir: Die Stimme ist der Spiegel der Seele. Und darüber hinaus ist sie jene Note, die Ihr Unternehmen hörbar macht.

Vom Ohr direkt ins Herz

Dank meiner Erfahrung als Schauspieler, Studiosprecher und als Stimmcoach für die Wirtschaft kann ich heute in einen Methodenkasten greifen, dessen Werkzeuge ich seit 30 Jahren schleife. Ich werde Ihnen die passenden Instrumente zeigen, damit Sie im Business glänzen. Ich will Sie sensibilisieren für Worte, den Klang und deren Wirkung, sodass Synapsen im Gehirn entstehen, die letztendlich als Karrieretreiber wirken: Verhandeln mit Partnern, Präsentieren vor Kollegen, Reden vor Publikum. Dazu bedarf es keines Theoriepaukens, vielmehr benötigen Sie den Mut, aufzustehen, auszuatmen und mit dem Charme Ihrer Persönlichkeit zu sprechen.

Sprache ist ein Wunder und so viel mehr als das Aneinanderknüpfen von Buchstaben. Mit Ihrer Sprache erstaunen, überraschen, überzeugen Sie andere Menschen. Mit Sprache gestalten Sie Ihr Leben. Aber Sprache setzt eines voraus: das Hören. Bereits acht Wochen vor der Geburt unterscheidet ein Baby akustische Signale. Es nimmt sie auf, speichert sie ab, erkennt sie wieder. Und mit dieser Fähigkeit beginnt die Sprachentwicklung. Zwar wird es noch einige Monate dauern, bevor die ersten Worte geformt und die Eltern entzückt sind. Zahlreiche Übungen aus Lallen, Plappern, Leiern, Summen sind nötig, um die Artikulation zu trainieren, um 34 Gehirnregionen sensibel aufeinander einzustimmen.

Kinder entdecken ihre Stimme lustvoll. Erinnern Sie sich, als Sie früher im Spiel Ihr Kinderzimmer und das ganze Haus beschallt haben, so lange, bis ein Erwachsener rief: »Kannst du mal leise sein?« So wurde vielleicht auch Ihnen mit den Jahren das kräftige, raumfüllende Reden abtrainiert, und das ist schade. Holen Sie sich dieses Gefühl von damals zurück, denn Sie können Ihrer Stimme Klang und Farbe geben. Diese Fähigkeit ist Ihnen schlichtweg angeboren.

Kaum ein Training zeigt einen schnelleren Erfolg als das Arbeiten mit der Stimme. Und vor diesem Hintergrund wundert es mich, wie viel Mühe Unternehmen aufwenden, um ein Corporate Design zu entwerfen, um eine visuelle Präsenz auf allen Kanälen zu erreichen, während das akustische Unternehmensbild tonlos bleibt.

Ich will Sie mit diesem Buch ermutigen, dem wunderbaren Instrument Stimme einen weiten Raum in Ihrer Kommunikationsstrategie zu geben. Und ich will Ihnen gleichzeitig die Hemmung vor langwierigen Übungseinheiten à la Korkensprechen und Konsonantenplappern nehmen. »Stimmtraining für die Wirtschaft« braucht keine Atemübungen, sondern einen ganzheitlichen und effizienten Ansatz. Mit Gespür für die eigene Achtsamkeit. Mit Rücksicht auf den prallen Terminplan. Mit authentischen Geschichten aus dem Berufsalltag. Ich will Sie mit dem Thema Stimme umgarnen, auch wenn Sie kein Verkäufer sind. Und ich verspreche Ihnen eine innere Balance und ein gesundes Selbstbewusstsein in allem, was Sie tun. Denn die Stimme ist ein Teil von Ihnen und steht in einem Zusammenhang mit Aktivitäten wie Atmen, Bewegen, Denken.

Ich schlage in diesem Buch einen dramaturgischen Bogen über die fünf Phasen eines Verkaufsgesprächs – vom Erstkontakt bis zum Abschluss. Dabei werden Sie tief in meinen Erfahrungsschatz hineinblicken: Die Übungseinheiten wecken Ihren Sinn für die Stimme, die Methoden unterstützen Sie, Ihre Stimme professionell einzusetzen. Ich verspreche Ihnen: Sie werden Ihre Leidenschaft für die Sprache entdecken. Wenn Sie nun sagen, ein Verkäufer müsse überzeugen und sonst nichts, dann entgegne ich Ihnen: »Ja, aber bitte mit dem Wissen um die Rhetorik und indem er seinem Gesprächspartner auf Augenhöhe begegnet.«

Wenn Sie einem Begriff begegnen, den Sie nicht kennen, nutzen Sie das Glossar am Schluss dieses Buches. Hinzu kommt: Experten verschiedener Branchen werden Sie in diesem Buch in Interviews mit Berichten aus der Praxis inspirieren. Voice sells! Erst durch die Sprache der Mitarbeiter erhält die Unternehmenskultur ihre Klangfarbe, und die schwingt durch alle Etagen, von der Telefonzentrale bis hoch hinauf zum CEO.

Der Weg zu sich selbst

Eine Verona Pooth im Callcenter kann ohne Promifaktor nicht zum Kauf verführen. Irina von Bentheim hingegen, die als Synchronsprecherin von Sarah Jessica Parker in »Sex and the City« mitten ins Herz hineinspricht, ist wie Balsam für die Ohren. Warum? Weil sie die verschiedenen Töne aus laut und leise, voll und zart, traurig und fröhlich miteinander verwebt zu einer Melodie, von der wir uns gerne berühren lassen. Diese Vielfalt mutet intelligent und emotional an. Die Attitüden von George Clooney wären ohne die Lässigkeit im Ton nur halb so schön. Allein durch das Hören ahnen Sie, wann und warum er die Knie seiner Filmpartnerin schlottern lässt.

Kurz gesagt: Die Stimme ist der Schlüssel zum Erfolg. Öffnen wir Kapitel für Kapitel und Akt für Akt die Türe ein Stück mehr, um am Ende mit Leichtigkeit und Freude vor Menschen und mit Menschen zu sprechen. Gehen wir gemeinsam die Schritte vom Erstkontakt bis zum Verkaufsabschluss. Ich muss kein Hellseher sein, um bereits jetzt zu wissen: Der Weg durch die Seiten dieses Buches wird ebenso ein Weg zu Ihnen selbst, zu Ihrem Potenzial sein.

Ihr
Arno Fischbacher

Übrigens, bevor wir starten: Mir liegt die Wertschätzung gegenüber Frauen und Männern gleichermaßen am Herzen. Dennoch verzichte ich auf Doppelkonstruktionen, um den Fluss des Textes nicht zu unterbrechen.

Warum das Callcenter schon ab der ersten Silbe nervt

Die Stimme am Telefon kann eine Eintrittskarte in die Unternehmenswelt sein – oder die Türe im Bruchteil einer Sekunde zuknallen. Im Fachjargon heißt das: Ein Telefonat ist immer heiß, weil die Kommunikation mit einem Unwillen beginnt. Denn das Klingeln im Business-Alltag stoppt den Arbeitsfluss. Es stört die Konzentration. Mit jedem Anruf dürfen Sie sicher sein: Bereits vor dem Abnehmen des Hörers wird der andere ein Detail suchen, um das Gespräch zu beenden. Schon die erste Silbe nervt. Es sei denn, sie trifft jene Rille, die im Gehirn für Wohlklang steht.

Ein magischer Moment

In meinem Stimmcoaching für die Wirtschaft begrüße ich die Teilnehmer mit Respekt. Ich beobachte jeden Schritt. Ich studiere die Gestik und Mimik, will die Besonderheit des Charakters erahnen. Wie ein Regisseur auf der Theaterbühne erkenne ich das kleinste Zucken im Gesicht, das Nervosität verrät, das Wippen im Gang, das Nesteln am Blazer-Zipfel, das Räuspern, bevor der Mund sich öffnet. Ein Coach muss neugierig darauf sein, ein weites Persönlichkeitsspektrum zu entdecken, er muss wachsam sein für die Palette aller Eigenarten eines Menschen.

Für mich sind Ihre ersten Sätze von außergewöhnlicher Bedeutung. Damit geben Sie mir einen Eindruck von Ihrem Temperament. Damit lassen Sie manchmal sogar Ihre Art von Humor aufblitzen. Ich bündele für diesen Augenblick meine gesamte Konzentration, um Ihr Potenzial zu hören und zu sehen, um Ihre Souveränität zu erkennen, um schädliche Angewohnheiten zu identifizieren. Schwächelt Ihre Stimme, dann überlasten Sie vielleicht die Stimmlippen Ihres Kehlkopfes, dann deutet sich eine Verspannung im Schulter- und Nackenbereich an. Kommt mir Ihre Stimme frei und freudig entgegen, dann ist Ihre Körperhaltung lebendig und locker, Ihre gedanklichen Filter sind geöffnet für unser Gespräch. Die ersten Sätze sind von immenser Tragweite in Meetings, Präsentationen und Telefongesprächen. So akzentuieren Sie Ihre Persönlichkeit.

Sicherlich kennen Sie diese magischen Momente, die das graue Einerlei ein wenig bunter färben können. Für eine Weile. Dann weckt eine Begegnung gar Sehnsüchte. In Ihrem Gehirn blitzt sofort das Glückszentrum auf, wenn Ihnen eine Person sympathisch ist. Dieses quirlige Areal versteckt sich im Mittelhirn und steht ständig auf Empfang. Es lechzt geradezu nach Aktivität, um den Glücksstoff Dopamin zu versprühen. Die Krux ist nur: Dieses Glückszentrum ist launig. Gleich einer Diva stoppt es den Boten-Ausstoß bei der kleinsten Irritation. Dabei geschieht Folgendes: Sie sehen die Person Ihrer Begierde mit weiten Pupillen an. Sie schmelzen dahin in Erwartung einer sanften Stimme. Aber – Ihnen schrillt ein Tonsalat entgegen. Das Glückszentrum ist verwirrt. Es bremst den Dopaminwirbel. Stattdessen schießt Adrenalin ins Blut. Ihr altes Reptiliengehirn – seit Menschengedenken fürs Überleben zuständig – ruft: »Alarm!« In weniger als 0,25 Sekunden verwandelt sich Ihre Verzückung in Fluchtgedanken: Sie drehen den Körper zur Seite. Sie wollen weg. Diese Stimme schmerzt im Ohr.

Nicht nur in magischen Momenten endet ein Gespräch oft vor dem ersten Satz. Verliebte, die sich in die Augen sehen, die schweigen – da würden Worte stören. Aber diese Kapriolen aus Faszination, die keiner Stimme bedürfen, die sind die Ausnahme von der Regel. In allen anderen Begegnungen gilt: Ihr erster Satz ist der Türöffner zum Gespräch. Und diese Tatsache kann am Telefon zu einem Drama führen. Wenn sogenannte Profis in Callcentern ihre Worte leiern und mit der Stimme schlampen, dann machen die Filter im Gehirn des Gesprächspartners dicht. Die Botschaft dringt nicht durch. Jede Nachlässigkeit in der Stimme ist am Telefon für den anderen erlebbar. Es ist ein Trugschluss zu denken, dass Ihr Telefonpartner nicht hört, was er nicht sieht. Ihre Stimme verrät, ob Sie parallel E-Mails lesen, Kalender bemalen oder die Fingernägel feilen.

Viele Coachs erheben an dieser Stelle den Zeigefinger und erinnern an die kluge Studie des US-Verhaltensforschers Albert Mehrabian aus den 1970er-Jahren. Seine Formel für die Bestandteile der Kommunikation heißt: Der Gesprächserfolg wird zu 7 Prozent vom Inhalt, zu 38 Prozent von der Stimme und zu 55 Prozent vom Aussehen beeinflusst.

> **Ihr erster Satz ist der Türöffner zum Gespräch.**

Ich interpretiere diese Aussage vor dem Hintergrund moderner Gehirnforschung anders und sage: Es geht nicht um mehr oder weniger Prozente der Wirkung. Die Reihenfolge der Verarbeitung im Gehirn macht den Unterschied! Klar, dass beim Telefonieren die Stimme das Geschehen prägt. Es hüpfen ja keine Inhalte aus dem Telefonhörer, es ist das gesprochene Wort, das zählt. Der pure Klang regt an – oder auch nicht.

Ob Ihre Stimme die Türen öffnet, das entscheiden einzig Sie, indem Sie im Gehirn alle Weichen auf Wohlgefühl, auf Wertschätzung stellen. Das geschieht immer dann, wenn Sie fernab von einer Funktionsmentalität sprechen und sich vielmehr mit gerader Haltung und mit Einfühlsamkeit dem Menschen am anderen Ende der Leitung zuwenden. Zu diesem Aspekt gesellt sich ein weiterer: Außenreize werden von der Wahrnehmung radikal aussortiert.

Wir sehen, hören, riechen, schmecken, ertasten unsere Umwelt. Und etwas in uns gleicht die Eindrücke sofort mit unseren inneren Programmen ab. Wichtig oder unwichtig? Nützlich oder entbehrlich? Alles, was nicht allerhöchste Priorität hat, das verschieben wir als subliminale Wahrnehmung, als unterschwelliges Bauchgefühl in vage Regionen.

Mannigfaltige Reize umwerben Sie täglich. Ihr Leben lang. Elf Millionen Bits pro Sekunde gieren nach Beachtung. Das Auto, das vorbeirast. Die E-Mail, die aufblinkt. Der Kollege, der anklopft. Die Haut, die juckt. Der Kaffeeduft, der an die Pause erinnert. Und die Stimme, die gerade aus dem Telefon tönt. All das will wahrgenommen und verarbeitet werden. Das Gehirn minimiert diese Flut radikal auf 40 Bits und filtert auf Höchstleistungsniveau ohne Unterlass Informationen aus. Nur das, was übrig bleibt, wird von uns bewusst wahrgenommen. 24 Stunden täglich arbeiten diese Filter. Unsere Wirklichkeit tickt also anders als unter den Laborbedingungen, die Albert Mehrabian seinen Probanden bot. Im wahren Leben geht es, wenn wir gesprochene Worte hören, immer zuerst:

1. ums Überleben, dann
2. um die Prüfung der sozialen Aspekte wie Sympathie, Gefühle oder Rangordnung und erst zuletzt
3. um die Worterkennung.

Das heißt: Zuerst verstehen wir das Wie, dann erst das Was. Es dauert beim Zuhören bemerkenswerte 0,25 Sekunden, bis der Sprachspeicher des Gehirns meldet: »Wort erkannt!« Der Tonfall hat uns aber schon vorher gesagt, wie wir das Wort zu verstehen haben.

Grundlagen des Drei-Gehirn-Modells

Mein Drei-Gehirn-Modell soll Ihnen den Einfluss der Stimme in Alltag und Business verdeutlichen. Die Stimme ist für Ihre Ausstrahlung, für Ihren Erfolg von größter Bedeutung. Lassen Sie sich mit mir ein auf eine kleine Reise ins Gehirn.

1. Reptiliengehirn oder Stammhirn
Es ist seit Menschengedenken für Flucht, Abwehr, Angriff und Jagen zuständig. Über 3,5 Millionen Jahre gewachsen, weist es breite Nerven-

bahnen auf. Das Stammhirn lauert und reagiert sofort. Manchmal kann das Leben retten. Es ist zuständig für Verteidigung und Angriff, für ein Totstellen in aussichtslosen Situationen. Es lässt sich leiten von dem Gefühl der Lust oder Unlust und ist in seinen Entscheidungen schnell, klar, unreflektiert.

> **In einem Gespräch sollten Sie keine Gefahren erzeugen. Das würde jeden verschrecken. Steigen Sie also sanft in Ihr Thema ein. Erzeugen Sie zunächst eine Wohlfühlatmosphäre, um das Reptiliengehirn zu beruhigen.**

2. Säugetiergehirn oder limbisches System

Das limbische Gehirn ist unsere emotionale Schaltzentrale. Hier prägen sich Verhaltensmuster, Empfindungen, Lernweisen und Gedächtnisbildung ein. Hier werden Beziehungen reguliert. Die Leichtigkeit des Seins ist in diesem Bereich spürbar und das innere Kind freut sich auf Kreativität, auf Humor und Blödeln.

> **Das Glückszentrum ist hier verborgen, jede spontane Bereitschaft zum Kaufen wird in dieser Region getroffen.**

3. Kortex – die Großhirnrinde

Die Großhirnrinde ist der jüngste Teil in der Entwicklungsgeschichte des Gehirns. Sie wächst mit den Eindrücken, die die Welt bietet. Sie erfasst und bewertet, unterscheidet Bedeutsames von Überflüssigem. Im Kortex sitzt das, was wir Verstand nennen. Alles läuft hier auf kognitiver Ebene: Logik, Sprache, und der innere Kritiker, der Mahner, meldet sich von dieser Stelle aus zu Wort.

> **Erreichen Sie Aufmerksamkeit durch intelligentes Storytelling.**

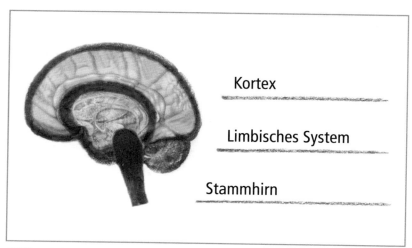

Kortex

Limbisches System

Stammhirn

Abbildung 1: Das Drei-Gehirn-Modell

Vom Schall zum Wort

Mich faszinieren neurowissenschaftliche Erkenntnisse und ich werde nicht müde, sie in mein Coaching einzuarbeiten und auf die Stimme zu übertragen. Schon wenige Kniffe genügen, um eine zugewandte Haltung des Zuhörers zu erreichen und ihn auf das Thema einzustimmen.

Ich gebe zu, das Gehirn-Modell ist mit grobem Stift gezeichnet. Aber es erleichtert erste Einblicke in den Gefühlskosmos der Menschen. Sein Ort ist unter dem Schädel. Rund 1,5 Kilo schwer, macht das Gehirn einen Bruchteil des Körpergewichts aus. Und dennoch vollzieht sich völlig unbemerkt ein Wunder, 84 400 Sekunden täglich, ohne Unterbrechung, ein Leben lang. Das Gehirn speichert, was wir erleben. Was uns wichtig ist, vergisst es niemals wieder.

Bei Helmut Kettenmann und Meino Gibson heißt es: »Es ist schon eine etwas unheimliche Vorstellung, dass aus der Information der Gene so viele Nervenzellen entstehen wie Sterne in unserer Milchstraße sind, dass diese Nervenzellen Tausende von Verbindungen haben, die alle individuell sind, und dass dieses Netzwerk sich Zeit unseres Lebens ständig ändert.«

Ohne Ihre Stimme wäre es still. Sie könnten nicht kontern, nicht kämpfen. Mit Worten. Sie könnten nicht die Ja-Straßen in den Köpfen der anderen aktivieren. Ich habe Ihnen einen kleinen Exkurs in die geheimnisvolle Welt des Gehirns versprochen. Nun ist es soweit.

> **!** Denken Sie beim nächsten Verkaufsgespräch an die Millionen
> Möglichkeiten, um ein Lächeln und Nicken zu erreichen, um die
> **●** Aufmerksamkeit auf sich zu lenken und mit einem guten Ergebnis
> zu enden. Ihre Stimme ist dazu der Türöffner.

Was passiert, wenn die Stimme stimmt? Dann ermöglicht sie ein wertvolles Gespräch. Dann öffnet sich die Unternehmenstüre weit. Dann erhält das Pressestatement des CEO ein hohes Gewicht und die Mitarbeiter finden den direkten Zugang zum Kunden.

Ob Ihnen ein Sprechen mit Nachhall gelingt, hängt von Ihrem Wissen um die geheime Macht der Stimme ab. Und die hinterlässt Spuren im Gehirn. Es dauert nur einen Wimpernschlag lang, bis Ihr Gehirn eine Botschaft bewertet hat. In dieser Mini-Sequenz leisten die grauen Zellen Großartiges: Sie wandeln Schallwellen in Worte. Sie prüfen Reize auf Relevanz. Sie geben dem Sprachmuster eine Bedeutung. Am Telefon zum Beispiel passiert Folgendes:

Die Stimme des anderen kommt Ihnen nah, sehr nah. Sie müssen sie nicht orten. Die Töne fließen als Amplituden direkt in Ihre Ohrmuschel, durchströmen das Trommelfell, gelangen in die Hörschnecke, tangieren den Hörnerv und landen mitten in Ihrem Stammhirn. Mit dieser Landung wandeln sich die Schallwellen zu elektrischen Aktivitäten. Nun bewertet Ihr Gehirn der Reihe nach alle empfangenen Reize. Ob sie den Mandelkern passieren und das Angstzentrum durchschleusen dürfen, wird für Ihr Gespräch von entscheidender Tragweite sein. Denn bei positiver Wertung kommt das limbische Gehirn ins Spiel, jene

Region, die egoistisch sein kann, die zum Schauspielern neigt und gerne blödelt. Sie will Beziehungen herstellen, und wenn alles gut läuft, dann öffnen sich jetzt die Filter zum Kortex. Wunderbar – Sie haben es bis zur Denkregion geschafft, der Kopf ist frei für Sachthemen. Endlich wird Ihr Schall zur Sprache.

Im Kortex, dem jüngsten Gehirnteil, motivieren die Worte zum Nachdenken und Analysieren, zu einer Reaktion. Diese Vorgänge bilden Synapsen, die eine Weile abrufbar bleiben. Übrigens: Bei negativer Wertung wird die Botschaft gelöscht. Das alles läuft für Sie völlig unbewusst ab. Und das ist gut so. Bei der täglichen Rasanz an Informationen würden Sie ansonsten schlichtweg verrückt.

Der akustische Business-Anzug

Ihre Stimme ist Ihre hörbare Körperhaltung und sie ist ebenso die hörbare Facette Ihrer Unternehmenskommunikation. Vor diesem Hintergrund sollten die Sprachmuster der Mitarbeiter den gleichen Stellenwert erhalten wie Briefe und Broschüren. Die Stimme sollte mit der gleichen Intensität fein geschliffen werden wie jeder Satz, der Ihr Unternehmen verlässt. Für den Schliff Ihrer Stimme am Telefon bedarf es nur eines geringen Aufwandes. Zum Beispiel den, den Sie für die folgende Übung benötigen.

ÜBUNG: Schleifen Sie Ihre Stimme

◉ Bevor Sie den Hörer das nächste Mal abnehmen, finden Sie Ihren Eigenton. Der kommt aus der Tiefe des Zwerchfells, dem zentralen Atemmuskel im Körper. Wie eine Kuppel spannt sich das Zwerchfell von den Rippen bis zum Kreuz, senkt sich und beatmet uns. Brummen Sie ein paarmal »Mmh, mmh mmh«, um sich aufzuwärmen. Kein Muskel funktioniert im Kaltstart. Spüren Sie die angenehme Note?

- Nun stellen Sie sich Ihren Zuhörer vor. So wie ein Autor ein Bild vom Leser entwirft, so malen Sie sich in Gedanken ein Bild von Ihrem Zuhörer. Greifen Sie dabei zu Farben von heiterer Anmutung.

- Stimmen Sie sich ein auf einen angenehmen Dialog. Nehmen Sie mit Freude den Telefonhörer in die Hand. Spüren Sie Ihre Intention, aus diesem Moment das Beste zu machen, was möglich ist.

- Ihre Stimme erhält einen zusätzlichen Motivationsschub, wenn Sie sich im Stuhl selbstbewusst aufrichten. Und wenn Sie gar aufstehen und mit Händen Ihren Inhalt betonen. Das merkt der andere. Sie vermitteln unverkennbar: »Ich bin da.« Er hört Ihr Lächeln. Und dieser sanfte Reiz wird im Gehirn den Filter für positive Gefühle durchlässiger machen. Ihre Stimme landet genau dort, wo Sie das wünschen: im Schaltzentrum für Motivation und manchmal im Glückszentrum.

Gratuliere. Sie haben gerade die Türe zur Unternehmenswelt geöffnet. Bleiben Sie, hören Sie nicht auf, sich dem anderen zuzuwenden durch Fragen und Argumente. Ihr Gesprächspartner wird lauschen und abwägen.

Sie entscheiden, ob Sie einen ersten Händedruck in eine gewinnbringende Beziehung wandeln, welche Figur Sie in Ihrem akustischen Business-Anzug abgeben. Ich zeige Ihnen, wie Sie mit Stimme und Worten die Ja-Straße im Kopf Ihres Partners finden und damit seine emotionale Glühbirne aufleuchten lassen.

Vorhang auf – Die Dramaturgie des Verkaufsgesprächs

Ein Verkaufsgespräch ist eine Inszenierung auf hohem Niveau. Sie gewinnt an Brillanz, wenn die Akteure mit Rhetorik spielen und mit Emotionen jonglieren. Ich wage gar die Behauptung: Ein Verkaufsgespräch und – sagen wir – ein Drama haben zweierlei gemeinsam: einen Handlungsrahmen und einen Spannungsbogen. Beide Formate dehnen die Nerven – ob im Business, im Alltag oder auf der Bühne. Und das war schon immer so.

In der Antike währte ein Drama 24 Stunden lang. Sehnsucht, Gier, Hass und Liebe – das waren die Eckpunkte der Gefühlswelt. Die brauchten Raum und Zeit. Also ignorierten die Zuschauer den Schmerz im Bereich der Sitzknochen. Schließlich ging es um große Emotionen: um die Leiden der Helden und um das Mitgefühl.

Es mag eines der Verdienste des Philosophen Aristoteles gewesen sein, diesem Spielmarathon erste Reglementierungen aufzuerlegen. Er sortierte die Szenen in logische Reihenfolgen, gab dem Hoffen und Zittern einen Rhythmus.

Rund zwei Jahrtausende später trat Shakespeare auf den Plan. Er mischte Zuckerbrot und Peitsche so lange, bis die Katastrophe hereinbrach. Sein Verdienst in der Theaterwelt bleibt unumstritten: das klassische Drama hatte fortan fünf Akte. Dies passt hervorragend zum Ablauf eines Verkaufsgesprächs. Nur sollte am Ende nicht die Katharsis stehen, sondern die Unterschrift auf dem Vertrag.

Agieren Sie mit allen Mitteln der Kunst: mit Ihrer Stimme, mit Ihrem Wissen, mit der ganzen Kraft Ihrer Persönlichkeit.

Lassen Sie den Vorhang sich vor Ihrem geistigen Auge heben und senken. Agieren Sie mit allen Mitteln der Kunst: mit Ihrer Stimme, mit Ihrem Wissen, mit der ganzen Kraft Ihrer Persönlichkeit. Ich begleite Sie wie ein Regisseur. Aber wenden wir uns erst einmal von den Dramaregeln ab und stellen Ihren Auftritt im Business in den Mittelpunkt. Profis wissen, ein solches Drehbuch besteht aus den Szenen:

- Kontakt
- Präsentation
- Gespräch
- Einwände
- Abschluss

Vielleicht scheint zunächst ein Gesprächssprint verführerischer als das Handeln nach einem Drehbuch. Zeit ist Geld und Ihr Kalender dicht gefüllt. Aber bei aller Ungeduld auf Ihre Ergebnisse gilt nach wie vor: Spannung baut sich langsam auf. Oder würde es Ihnen gefallen, wenn Julia zum Auftakt verkünden würde, dass sie das Gift sofort schlucke, dass sie auf das ganze Theater mit Romeo verzichte, weil sie nicht an seine Leidenschaft glaube? Wie viele Tränen der Sehnsucht blieben dann trocken. Wie viele Seufzer der Hoffnung verstummten. Das Lied der Liebe hätte nur eine Strophe – und die würde in eine einzige Episode verbannt.

Verkaufsgespräche brauchen ein Drehbuch

Sie sind der Regisseur und der Akteur in Ihren Gesprächen. Genießen Sie Ihre Rollen. Tauchen Sie darin ein. Hören Sie, wie Ihre innere Stimme zur Souffleuse wird und Ihre äußere an Kraft gewinnt. Szene für Szene. Erfolg wächst mit Ihrem Sinn für die eigene Wahrnehmung im Spannungsfeld. Ich bin kein Anhänger von NLP-Methoden, die Rätsel aufgeben, was andere denken. Das ist für mich Zeitverschwendung und führt fort vom Wesentlichen: vom eigenen Gefühl für Situation und Handlungsspielraum. Richten Sie die Aufmerksamkeit besser auf sich.

- Wann fühlen Sie sich wohl während des Gesprächs?
- Wo spüren Sie Anspannung?
- Wie bewegen Sie sich, wenn Sie sich sicher fühlen?
- Wo stehen Sie gut im Raum?
- Welche Haltung ist Ihnen angenehm?
- Wann knistert das Thema?

> **!** Einzig Ihr Feingefühl kann ein ehrliches Echo geben. Trainieren Sie es täglich. Schreiben Sie Tagebuch über Ihre wichtigen Business-Gespräche. Das wird Ihnen helfen, den für Sie besten Standpunkt zu finden.

So wie ein Unternehmen sich Ziele setzt, um Ergebnisse zu verbessern, so sollten Sie als Mitarbeiter vor jedem Gespräch den erfolgreichsten Punkt definieren. Für mich sind drei Steuerungselemente unabdingbar, um die Distanz vom Erstgespräch bis zum Abschluss zu überwinden:

1. **Körpersprache:** Sie ist Ihr persönliches Messinstrument für Stress und Gelassenheit. Nehmen Sie sich wahr, achten Sie auf Spannung und Entspannung. Das ist der erste Schritt zu Ihrer Souveränität.
2. **Stimme:** Lauschen Sie Ihrer Stimme nach. Sie gibt Ihnen untrügliche Hinweise zu Ihrem Wohlgefühl in einer Gesprächssituation. Wenn Sie jenseits Ihres Eigentons sprechen, dann ändern Sie augenblicklich Ihre Körperhaltung, verändern Sie Ihren Stand im Raum.
3. **Evaluierung:** Nehmen Sie die Signale Ihres Gegenübers wahr und binden Sie diese in den Kontext Ihrer Gedanken ein. Fragen Sie während des gesamten Gesprächs, wie Ihre Stimme, Ihre Haltung, Ihre Worte wirken. Sie haben zu jeder Sekunde die Möglichkeit, Ihre Sprachmuster und rhetorischen Stilmittel zu ändern. Nutzen Sie diese Chance.

! Machen Sie sich nicht selbst zu einem Getriebenen. Handlungsfähig zu sein bedeutet, die Übersicht zu behalten und der Situation
● entsprechend angemessen zu reagieren.

Sense Focusing – Spüren durch Körperwahrnehmung

Das Stimmtraining, wie ich es verstehe, muss nicht aufwändig sein. Niemand hat in einem Tag voller Aufgaben und Termine Zeit, sich durch Weiterbildungsseminare zu schlingern, sich durch Bücher im Wälzerformat am Feierabend zu quälen. Das verstehe ich gut. Dennoch will ich Sie ermuntern, mit kleinen, dauerhaften und sehr effektiven Tools zu arbeiten.

Wer seiner Karriere einen Schub geben will, der muss immer einen Tick besser sein als die Mitbewerber. Das ist eine Wahrheit, die Sie nicht wegseufzen können. Deshalb ändern Sie Ihre Einstellung, kommen Sie raus aus Ihrer Komfortzone. Versetzen Sie Ihre Grenze jeden Tag ein kleines Stück. Und ich verspreche Ihnen, dass irgendwann der Ehrgeiz Sie packen wird, weil Sie spüren, dass Leistung beflügeln kann. Lediglich drei Voraussetzungen sind nötig:

■ der Wille, besser zu werden,
■ die Freude auf Erfolg und
■ die Bereitschaft zum Üben.

Erinnern Sie sich an Ihren Sportunterricht, den Sie als Jugendlicher liebten? Holen Sie sich die Erinnerung an Siege und Triumphe zurück. Damals hatte jedes Messen der Kräfte eine freudige Komponente und ich finde, diese Vorstellung eignet sich bestens, um in Gesprächen zu punkten. Getreu dem Motto: »Übe nie im Wettkampf«, sollten Sie durchtrainiert in eine Gesprächsphase starten. Denn aus der Trainings-forschung wissen wir, dass ein Gehirn Tausende Impulse der gleichen Sorte braucht, bis es Abläufe automatisiert. Fügen Sie deshalb Ihre Trai-nings in den Alltag ein, geben Sie den Strukturen Zeit und Gelegenheit, sich zu bilden. Diese Sekunden Training, lustvoll und bewusst eingesetzt, ermöglichen eine verblüffende Entwicklung: Sie werden spüren, wie Körper und Geist sich gegenseitig beeinflussen. Ich nenne diese Trainings »Sense Focusing«.

Nehmen Sie sich täglich in unterschiedlichen Situationen körperlich wahr:

- Wie sitzen Sie?
- Wie atmen Sie?
- Wie weit ist Ihr Herzraum?
- Wie entspannt ist Ihr Schulter- und Nackenbereich?
- Wie beweglich ist Ihr Kiefer?
- Wie klar ist Ihr Blick und wie neugierig sind Sie auf jede Begebenheit, die der Tag Ihnen bringen wird?

Mit diesen kleinen Wahrnehmungen senden Sie physiologische Reize zum Gehirn. Denn entgegen der hartnäckigen Meinung, dass erst mentale Stärke eine Führungsbereitschaft erlaubt, zeigt die Kinästhetik, dass dieser Satz ein frommer Wunsch bleibt. Führung entsteht einzig durch ein hohes Bewusstsein für die eigene Wirksamkeit, und der Schlüssel dazu findet sich in der Selbstwahrnehmung, in einer sensiblen Haltung für sich und andere. Mit einiger Übung werden Sie durchlässig für Gefühle und können andere Menschen erspüren. Aus dieser Fähigkeit erst kann Empathie erwachsen. Dann werden Ihre Muskeln, Ihre Gedanken, Ihre Stimme wie ein Resonanzboden schwingen. Authentischer können Begegnungen nicht sein.

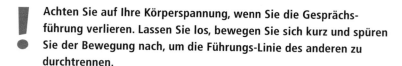

Achten Sie auf Ihre Körperspannung, wenn Sie die Gesprächsführung verlieren. Lassen Sie los, bewegen Sie sich kurz und spüren Sie der Bewegung nach, um die Führungs-Linie des anderen zu durchtrennen.

Ich will Sie inspirieren, aus Ihrer Komfortzone hinter dem Schreibtisch herauszutreten. Zeigen Sie sich. Reden Sie vor Publikum. Genießen Sie den Respekt am Ende der Dramaturgie. Glauben Sie mir: Selten klopft jemand an, tritt ein und legt Ihnen einen unterschriebenen Vertrag vor. Nicht das Pauken von Theorie bringt Sie in Ihrer Karriere weiter, sondern einzig das Üben in der Praxis. Betrachten Sie jeden Dialog als Chance und jede Präsentation als Herausforderung. Seien Sie selbst Ihr aufmerksamster Zuhörer. Und vor allem: Lernen Sie Ihre Stimme zu lieben.

Die Krux des Hörens

Sicherlich kennen Sie die Irritation, wenn Sie Ihren Anrufbeantworter besprechen und abhören. Wie klingt das? Fremd. Die Tonalität ist völlig anders als erwartet. Die Stimmlage scheint um einige Oktaven zu hoch und das Sprechtempo wirkt zu hastig. Rasch löschen Sie den Text und versuchen es noch einmal. Sie sammeln sich, legen ein Lächeln auf, nutzen gar die Hände für eine Geste des Willkommens, um der Stimme Lebendigkeit zu verleihen. Aber auch dieser Versuch liegt weit entfernt von den Erwartungen. Ich kann Sie beruhigen: Das geht allen so.

Für Sie ist das Hören der eigenen Stimme nur die halbe Wahrheit. Das ist anatomisch bedingt: Das Zwerchfell senkt und hebt sich, schickt Luft zum Tanzen in den Kehlkopf und der schleudert die Schallwellen durch den Mund in die Welt. Die reflektieren im Raum an Wänden und Gegenständen und dringen an das Ohr. Diese Stimme nimmt Ihr Gesprächspartner wahr. So kennt er Sie. So charakterisiert er Sie. Als Sprecher jedoch hören Sie noch eine weitere Ebene: Einige der Schallwellen, die Ihr Kehlkopf erzeugt hat, versetzen Kiefer- und Schädelknochen in Schwingung. Halten Sie sich einmal die Ohren zu und summen ein Lied. Spüren Sie die Resonanz? Sie hören also zwei Schallkomponenten. Einmal von außen, einmal von innen. Das ist der Grund, warum Selbst- und Fremdwahrnehmung auseinanderklaffen, warum sich Menschen über die eigene Stimme auf dem Anrufbeantworter wundern.

Betrachten Sie Ihre Stimme als kostbares Instrument, das Sie durch Üben verfeinern können. Das sollte so selbstverständlich sein wie das Zähneputzen am Morgen und Abend.

ÜBUNG: Stimmen Sie Ihre Stimme

◉ Singen oder reden Sie im Badezimmer. Dort ist die Akustik besonders gut.

◉ Besprechen Sie Ihr Smartphone mit Texten der Präsentation. Das gibt Ihnen Sicherheit.

◉ Nehmen Sie Ihren Standpunkt ein, ohne Durchdrücken der Knie und Verkrampfen der Schulter. Die Stimme wirkt tiefer und freier.

◉ Lassen Sie Bauch und Zwerchfell in den Sprechpausen los. Dann flattern die Töne nicht.

◉ Entwickeln Sie eine Freude fürs Sprechen. Das beeinflusst Ihr Gehirn positiv.

Die Arbeit an der Stimme wird Ihrer Persönlichkeit mehr Ausdruck verleihen und Ihrer Haltung mehr Gelassenheit. Ich gebe Ihnen die passenden Werkzeuge an die Hand. Schrauben müssen Sie selbst. Das mag zunächst anstrengend sein, aber Erfolg ist nun mal kein leichtes Spiel. Raus aus der Komfortzone, das bedeutet, die eigene Verantwortung für sein Handeln zu übernehmen und sich in Leistungssituationen zu bringen. Dass der Weg zum Erfolg auch unbequem sein kann, das habe ich auch selbst erfahren.

Vom Wert der inneren Stimme

Fragt jemand nach den drei häufigsten Wünschen, so nennen die meisten Menschen Gesundheit, Erfolg und Glück. Ich auch. Das Fatale ist nur, darauf gibt es kein Abonnement. Jede Wunscherfüllung bedeutet harte Arbeit, die oftmals durch Alltagsstress erschwert wird. Aber Sie können kleine Signale wahrnehmen, wenn Dinge sich schräg entwickeln. Die ertönen ganz leise als innere Stimme.

Im Leistungsdruck des Alltags überhören wir oftmals, wenn sie flüstert: »Ich will nicht mehr.« Viel zu groß sind die Verführungen, mit noch mehr Einsatz noch mehr Anerkennung zu erreichen. Mir ging es ebenso. Ich wollte alles hinterfragen, alles annehmen, was sich mir an Chancen bot. Ich wollte große Spuren in meinen Karriereweg eindrücken und dafür Grenzen überwinden. Mich trieb die Neugierde an, hinter jeder Entwicklung die Quelle zu finden. Mit viel Mut, Disziplin und der Bereitschaft zur Leistung stellte sich der Erfolg ein. Rückblickend habe ich aus jeder einzelnen Lebenssituation meine Erfahrungen gewonnen. Die sind heute mein Wert, mein Image. Aber ebenso ist mir klar geworden: Ich bewegte mich so manches Mal in schwindelnder Höhe. Meine innere Stimme wird mir in diesen Jahren oft zugeflüstert haben: »Das Tempo ist zu schnell. Pass auf, die Hürden sind sehr hoch. Vergiss die Entspannung nicht.« Ich habe diese Stimme lange überhört.

Neben meinem Engagement auf der Bühne wirbelte ich zusätzlich als kaufmännischer Direktor am privaten Schauspielhaus Salzburg mit zuletzt 65 Mitarbeitern, mit einer professionellen Schauspielschule, einem eben fertiggestellten neuen Theater – und einem engen Etat. Ich geriet in die Mühlen des Kulturbetriebs. Und glauben Sie mir, die mahlen unerlässlich. Irgendwann ließ sich nicht mehr leugnen, dass ich gegen Windmühlen kämpfte. Meine innere Stimme wurde lauter, ließ unüberhörbar vernehmen, dass für mich die Zeit reif ist zu gehen. An diesem Punkt nahm ich sie wahr. Ich fragte mich, wie ich meine Kernkompetenzen umleiten, wie ich mein kreatives Handwerk des Goldschmieds, meine Stimm- und Bühnenpräsenz eines Schauspielers und die bei der Betriebsentwicklung und Gründung eines Radiosenders gewonnenen Erfahrungen auf einem anderen Feld einbringen könnte. Es gibt Bruchstellen in Karrieren. Sie sind mehr Regel denn Ausnahme. Und

Achten Sie bei Ihrer (beruflichen) Lebensplanung auch auf Ihre innere Stimme?

sie erfordern den Mut, rechts und links des Weges zu blicken. Die wahren Chancen warten nicht auf breiten Straßen.

Dass ich damals ausstieg, das war purer Selbstschutz. Dass ich heute Persönlichkeiten der Wirtschaft coache, das verdanke ich einer gehörigen Portion Resilienz und dem Zuspruch fantastischer Menschen um mich herum. Beides ist die Quelle, aus der wir tanken, wenn wir uns in aller Stille orientieren, wenn wir uns sagen: »Es geht weiter. Nicht sofort, aber bald.« Nach dieser Einsicht folgt meist eine Phase der Selbstfindung. Tiefgang entsteht. Grenzen verschieben sich. Wer einmal den Mut hatte, auszusteigen, neuzustarten, querzudenken, der wird an dieser Stelle nicken.

Ich habe den Wert der inneren Stimme schätzen gelernt. Und wenn wir in den folgenden Akten die Dramaturgie eines Verkaufsgesprächs aufblättern, dann ermutige ich Sie, auf der einen Seite aufzustehen und mit fester Stimme zu reden. Und als Liebhaber des Dramas empfehle ich Ihnen: Schlucken Sie das Gift nicht im ersten Akt. Setzen Sie Ihrem Stück kein Ende, bevor nicht die Chance auf ein Happy End winkt. Auf der anderen Seite aber bitte ich Sie: Achten Sie auf Ihre Körpersignale. Bewahren Sie sich das Gefühl für den Schlusspunkt.

1. Akt: Der Kontakt – Wie Ihre Stimme zum Türöffner wird

»Zum Erfolg gibt es keinen Lift, man muss die Treppe nehmen«, befand der schweizerische Schriftsteller Emil Oesch. Das ist eine unbequeme Wahrheit, aber ein vorzügliches Bild für jede Art der Kommunikation. Die baut sich nämlich stufenweise auf: Erst wenn das Fundament der persönlichen Beziehung tragfähig ist, folgt der Schritt auf die nächste Ebene.

Ob eine barocke Holztreppe die Halle ziert, an deren Geländer sich Schnitzereien ranken, oder eine Steintreppe die Etagen verbindet, spielt zunächst keine Rolle. Das mag eine Frage des Geschmacks oder der Funktionalität sein – beiden Modellen gemein bleibt: Konstruktion und Material müssen tragen. Ähnlich verhält es sich mit der Treppe der Beziehung in Gesprächen. Dieser Bauplan kommt im modernen Zeitmanagement zu kurz.

Was tun Sie, um ein Gespräch auf Augenhöhe zu entwickeln?

Als Gegenmittel scheint mir eines wichtig: der Blick auf den Menschen, der Ihnen beim Erstkontakt gegenüber steht. Ein Mensch ist so viel mehr als seine Position im Unternehmen. Er hat Launen, freut sich über Erfolge, kämpft mit Niederlagen, auch er verfolgt Absichten und den Wunsch, für sein Unternehmen das Beste zu erreichen. Das wollen Sie auch. So wird jedes Gespräch zu einer Begegnung auf Augenhöhe, und je zugewandter Sie sich Ihrem Partner zeigen, desto angenehmer wird die Stimmung sein.

Die nachhaltigen Erfolge gründen sich auf Werte wie Achtsamkeit und Selbstwahrnehmung und auf ein aktives Zuhören. Dies können Sie leisten, wenn Sie sich ganzheitlich vorbereiten, und zwar auf der organisatorischen, der sachlichen und auf der persönlichen Ebene. Das Paradoxon ist nur: Für Letztere gibt es auf den Vordrucken Ihrer Kalenderblätter im Zeitmanagementplanbuch keine Spalte. Fügen Sie eine hinzu und schreiben Sie mit rotem Stift den Namen der Person hinein, der Sie begegnen werden. Und mit diesem Schritt bauen Sie bereits an der ersten Stufe auf dem Weg zum gelungenen Erstkontakt.

Eine fachliche Vorbereitung ist Pflicht vor jedem Gespräch. Daran wird niemand zweifeln. Nur: Nach den modernen Erkenntnissen aus der Wahrnehmungsforschung und der Medizin werden Sie einen weitaus größeren Erfolg erzielen, wenn Sie sich zusätzlich in eine positive Grundstimmung bringen. Dieser Ansatz der Salutogenese oder Gesundheitsentstehung berücksichtigt, dass Geist und Körper eine Einheit bilden. Sie bedingen sich, sie beeinflussen sich. Und wenn beide im Einklang schwingen, dann wird dies von Ihrer Stimme widergespiegelt.

Die Kraft des inneren Hebels

Besonders Menschen, die im Vertrieb arbeiten, die ständig unterwegs sind und ihre Termine abarbeiten, wissen davon ein Lied zu singen. Oft kommen sie verzweifelt in mein Coaching und bemerken: »Egal wie ich mich vorbereite, ich kann meine Argumente niemals zu Ende bringen. Nie ist der Gesprächspartner aufmerksam, immer werden wir unterbrochen. Das ist ein Dilemma, denn zur Unterschrift kommt es nicht. Das macht mich ärgerlich, und ich habe den Eindruck, der Gesprächspartner spürt das und reagiert unwirsch. Ich wiederum nehme den Ärger mit zum nächsten Kunden, und am Ende des Tages liegen meine Nerven blank.«

Darauf antworte ich: »Ja, das ist ein Teufelskreislauf. Sie können ihn mit einem wirkungsvollen Instrument durchbrechen: dem inneren Hebel.«

Schließen Sie Ihre Bürotür und schalten Sie Störer wie Telefon und E-Mail-Account aus. Nehmen Sie sich Zeit für ein paar Gedanken an die Situation, die Sie wahrscheinlich während des Termins erwartet, und an den Menschen, der Sie empfängt.

◎ Malen Sie sich in Gedanken ein Bild von der Situation, die Sie erwartet.

◎ In welchem Raum werden Sie sich treffen?

◎ Wie viele Personen werden teilnehmen?

◎ Wo werden Sie sitzen oder stehen?

◎ Wie hoch ist voraussichtlich Ihr Redeanteil?

◎ Wie viel Zeit wird Ihr Gesprächspartner voraussichtlich einplanen?

◎ Welches Gefühl steigt in Ihnen hoch, wenn Sie an Ihre Redephasen denken?

◎ Lassen Sie Ihren Gesprächspartner mit seiner Ausstrahlung und seinen Attitüden vor Ihrem geistigen Auge erscheinen und reduzieren Sie ihn nicht auf seine Funktion.

◎ Welche Eigenschaften zeichnen ihn aus?

◎ Welche Adjektive beschreiben seinen Charakter? Eitel, leise, polternd, humorvoll, sympathisch, großzügig, sensibel, kleinlich?

◎ Wird er Bestätigung suchen?

◎ Wie wird er Ihnen begegnen?

◎ Konzentriert er sich auf Sie oder lässt er sich von Telefongesprächen oder gar auf Zuruf ablenken?

◎ Wo verlaufen die Linien Ihres Zielrahmens?

◎ Wie weit können Sie Zugeständnisse machen, ohne sich zu verbiegen?

- ◎ Welche Fragen können ihn auf Ihre Seite ziehen und wie können Sie mit Ihrer Stimme Ihr Anliegen unterstreichen?

- ◎ Wie gestalten Sie Aufwärmphase, Fragespiel und Abschied?

- ◎ Welche Verkaufsargumente sind Ihr Trumpf im Ärmel?

- ◎ Was ist Ihr Plan B, wenn Ihr Kunde zögert?

- ◎ Wie viel Bedenkzeit können Sie einräumen und wann ist der Zeitpunkt richtig, das Gespräch zu beenden?

- ◎ Wie halten Sie den Kontakt bis zum Wiedersehen?

Entwerfen Sie Ihr Drehbuch zum Gespräch bereits vor dem Treffen. Gedankenspiele haben eine immense Kraft. Sie stimmen auf das ein, was Sie erwartet, bieten Ihnen Lösungen statt Adhoc-Reaktionen.

Mit dem Werkzeug des inneren Hebels aktivieren Sie Ihre Vorstellungskraft und die Wahrnehmung Ihrer Körpersignale: Ihr Kunde verspätet sich? Kann sein. Sie arbeiten derweil an einer Excel-Tabelle. Ihr Kunde ist bekannt für seine cholerischen Anfälle? Sie sind darauf eingestellt und sein Geschrei erhöht Ihren Herzschlag nicht, verschlägt Ihnen nicht die Stimme. Sie lassen ihn schreien, um am Ende kurz zu nicken und im sachlichen Ton zu antworten: »Sie sind wütend, weil … «, um dann den nächsten Punkt auf der Tagesordnung aufzurufen. Denken Sie daran: Nicht immer der, der laut redet, leitet ein Gespräch.

Ist die Sympathie erst geweckt, dann ist das Fundament der ersten Stufe gemauert. Ihr Partner spürt, wenn Sie ihm von Mensch zu Mensch begegnen statt von Funktion zu Funktion. Viel zu oft richten wir den Fokus während eines Erstkontaktes auf den Abschluss. Das ist in asiatischen Ländern völlig anders.

Andere Länder, andere Kommunikation

Hatten Sie je die Chance, Teilnehmer einer asiatischen Verhandlungszeremonie zu sein? Nein? Dann wagen wir einmal einen neugierigen Blick über 8700 Kilometer südlich auf das Schwellenland zwischen Tradition und Hightech. Halten wir die Blende mitten nach Neu-Delhi und hinein in die Lobby eines Hotels im Kolonialstil. Die Einrichtung wirkt gediegen, die dicken Teppiche verschlucken die Hektik der Elf-Millionen-Stadt. Wer hier eintritt, genießt eine Oase der Entspannung. Es ist ein beliebter Ort für Meetings. Zwei Herren in dunklen Anzügen sitzen an einem Tisch, der mit Schalen voller Köstlichkeiten gedeckt ist. Sie greifen zu, scherzen und plaudern. Sie erkundigen sich nach Familie und Freunden. In der Ferne winkt ein Vertragsabschluss zwischen dem Vorsitzenden eines Autokonzerns und dem eines Zubehörlieferanten. Das Elektromobil soll in Serie gehen. Die Zeit drängt.

»Ach übrigens«, wendet sich der Vorsitzende an den Zulieferer, während er die Hände in Rosenwasser reinigt, »darf ich Sie am Wochenende mit Ihrer Familie zum Dinner einladen?« »Oh, vielen Dank. Ich fühle mich geehrt.« Der Zulieferer schmunzelt und legt die Stoffserviette zur Seite. Beide Männer erheben sich langsam, führen die gefalteten Hände zur Stirn, grüßen sich mit gesenktem Kopf zum Abschied zu. Und mit dieser Geste der Wertschätzung wissen beide: Das Treffen war erfolgreich. Sie sind der Unterschrift auf dem Vertrag ein riesiges Stück näher gekommen.

> **Wie können Sie im Gespräch mit Persönlichkeit überzeugen?**

Zugegeben, in unseren Landen muten die asiatischen Gepflogenheiten fremd an. Wir halten Familie und Beruf streng getrennt. Dennoch kann ein Plaudern zu Beginn, ein Small Talk zum Aufwärmen, durchaus Leichtigkeit versprühen und die Beziehungsebene festigen. Ein Essen muss nicht immer mit Zahlen und Fakten garniert werden und ein Abschied nicht mit einem Vertrag. Das ist für alle Beteiligten entspannender und für Sie als Werber um eine Unterschrift gesünder, weil es Sie gelassener macht. Das kommt mittlerweile auch in den Chefetagen an.

Rund zehn Jahre waren nötig, um die Inhalte einer grundsätzlichen Studie zu verinnerlichen: 2004 wurden in Neu-Delhi die Ergebnisse einer Untersuchungsreihe veröffentlicht. In der Studie »Global Leadership and Organizational Behavior Effectiveness« gaben 17 000 Führungskräfte aus 61 Ländern Auskunft zu Strategie und Arbeitsstil. Heraus kam, wen wundert es, dass die Manager in Deutschland leistungsorientiert und betont sachlich ihre Aufgaben erfüllen. Heute blicken Experten auf diese Ergebnisse zurück und stellen einheitlich fest: Ein Wandel hat eingesetzt, und zwar fort vom blockierenden Druck und hin zu mehr freiem Fluss. Fort von der Macht und hin zu mehr Integrität. Fort von der Sachlichkeit und hin zu mehr Persönlichkeit.

Und ich will einen Ausblick wagen: Mit dieser Dynamik reduzieren sich die Zahlen der Herz-Kreislauf-Erkrankungen und der Burn-outs. Ich wünsche es jedem Manager, dass er mit mehr Gelassenheit ans Werk gehen kann. Denn das ist Balsam für die Stimme.

Die Stimme als Spiegel der inneren Balance

Gelassenheit ist mehr als ein Modewort. Es ist ein Lebensgefühl. Frage ich meine Seminarteilnehmer, wie sich dieser Zustand anfühlt, so antworten sie:

- wie eine Harmonie aus Körper und Geist,
- wie ein zartes Lächeln,
- wie die Zuversicht, dass einfach alles gelingen kann,
- wie ein Wissen um die eigene Kraft,
- wie ein Fließen in der Arbeit und
- als ob der innere Raum weit wird.

Innere Gelassenheit ist eine Quelle, aus der Sie schöpfen können, ein kybernetischer Regelkreis zwischen Körper und Psyche. Aber Vorsicht: Selbst die kleinste Störung in diesem System hat eine Auswirkung auf Ihr Wohlbefinden. In jeder Drucksituation erhöht sich Ihr Herzschlag und fehlt Ihrem Atem die Freiheit. Enge wird als physischer Druck auf die Muskeln übertragen und beeinflusst Ihre Spiegelneuronen. Dann presst sich Ihre Stimme an der inneren Achse entlang und verrät Ihr Ungleichgewicht.

Dazu trägt auch der Schlafmangel bei, unter dem Deutschlands Führungskräfte wohl häufig leiden. Die Männer und Frauen in den Chefetagen schlafen oft sechs Stunden oder weniger. Das strapaziert ihre Stimmorgane. Das schlägt sich nieder auf Körper und Geist und beeinflusst auf Dauer sogar die Schärfe ihrer Entscheidungen. Wer unter chronischem Schlafmangel leidet, der betrachtet die Welt wie durch ein milchiges Glas.

Drei Regionen im Körper sind für An- und Entspannung, für Ihre innere Balance zuständig. Stellen Sie sich einmal eine Figur vor, so wie Trainer sie gerne auf ein Flipchart zeichnen. Ich unterscheide drei Zonen: stabile Mitte und Oberkörper, Kehlkopf sowie Kopf:

1. **Die Achse für Ihre Luft und für Ihre Gefühle führt vom Stand durch den Bauch nach oben:** Bauch und Gehirn reagieren in ähnlicher Weise auf Glück und Stress. 100 Millionen Nervenzellen im Darm sind dafür verantwortlich, dass die Kommunikation zwischen Bauch und Kopf funktioniert. Hier in der Mitte des Körpers entsteht Ihr Allgemeinbefinden. Bewegung, Freude, Zuversicht, eine gesunde Ernährung und immer wieder bewusstes Loslassen haben einen immensen Einfluss auf den Klang der Stimme, der sich von unten nach oben entwickelt. Äußere Stabilität und innere Lockerheit werden die Modulation Ihrer Worte unterstützen.

2. **Der Kehlkopf ist Ihr Stimmgenerator:** Wenn Sie hier verspannen, dann unterstreichen Sie, wie hilflos und überlastet Sie sind. Mit Sensoren in 100 Muskeln vom Scheitel bis zur Zehe »vertont« der Kehlkopf jede Spannung. Weiten Sie mit dem Atmen bewusst den Brustraum, lassen Sie die Schultern locker und pressen Sie die Luft nicht in den Hals. Nur so kann sich Ihre Stimme entfalten.

3. Der Kopf ist zuständig für Ihre Artikulation: Verändern Sie negative Denkmuster. Beruhigen Sie Ihren inneren Kritiker, der mit seinen Glaubenssätzen hemmt. Denn Zögern, Zweifeln, aber auch übertriebener Ehrgeiz übertragen sich auf Ihre Stimme. Konzentrieren Sie sich auf positive Gedanken, richten Sie den Fokus auf einen guten Ausgang der Situation. Entspannen Sie Ihren Kiefer und genießen Sie die Lautbildung im hinteren, mittleren und vorderen Mundraum.

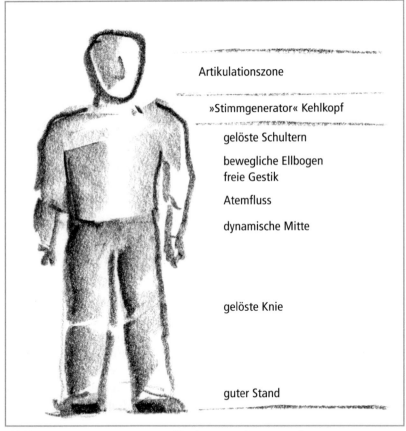

Artikulationszone

»Stimmgenerator« Kehlkopf

gelöste Schultern

bewegliche Ellbogen
freie Gestik

Atemfluss

dynamische Mitte

gelöste Knie

guter Stand

Abbildung 2: Drei Regionen im Körper sind für die innere Balance zuständig.

Kommt Ihre stabile Achse aus dem Gleichgewicht, dann hat dieses Wanken hörbare, messbare Folgen. Mediziner betonen, dass die fünf wichtigsten Ursachen für eine Beeinträchtigung im Leben an einer emotionalen Störung liegen. Beginnen Sie mit Ihrer Selbstwahrnehmung früh, erspüren Sie Ihre Stressmomente, bevor sie Sie krank machen. In einem Gespräch, in einer Präsentation oder gar in einer Rede vor großem Publikum ist Ihre innere Balance besonders gefährdet.

Loslassen, um Druck zu nehmen

Kein Coaching-Marathon ist nötig, um Ihre Stimme zu einem Sympathieträger zu machen. Lediglich das Bewusstsein für Ihre Körperfunktionen hilft Ihnen, achtsam zu sein. Spüren Sie in sich hinein, erkennen Sie Ihre Druckstellen, die Sie daran hindern, frei und mit Gefühl zu agieren. Schon winzige Aufmerksamkeiten steigern das Körpergefühl.

Das Warm-up für Ihre Entspannung vor dem Gespräch lautet: Selbstwahrnehmung.

ÜBUNG: Nehmen Sie sich selbst wahr

Das ist Ihre Vorbereitung: Spüren Sie Ihren Herzschlag, Ihren Atemrhythmus, Ihr Hautgefühl. Achten Sie auf Ihre Gedanken und auf die Signale, die diese an Ihren Körper senden.

Mit diesem Sense Focusing stellen Sie sich selbst in den Mittelpunkt Ihrer Betrachtung und lenken sich ab von der Nervosität vor einem Gespräch. Denken Sie nicht daran, was alles schiefgehen könnte. Aktivieren Sie stattdessen Ihre fünf Sinne. Darüber hinaus achten Sie auf Ihr Gleichgewicht. Nehmen Sie Ihren Körpersinn wahr und legen Sie den Fokus auf:

➥

- ◎ **Ihren Stand:** Knie, Bauch und Schultern müssen locker sein. Das mag der Vorstellung einer strammen Haltung widersprechen. Jeder von uns hörte als Jugendlicher die Kommandos des Sportlehrers, der brüllte: »Bauch rein, Brust raus.« Um Ihr Stimmpotenzial zu entfalten heißt es jedoch: »Knie locker, Bauch raus, Brust weit.«

- ◎ **Ihre Haltung:** Bevor Sie in ein Gespräch gehen, schütteln Sie den ganzen Körper. Schlackern Sie mit Armen und Beinen, lassen Sie die Schultern kreisen. Weiten Sie mit einigen kräftigen Atemzügen den Brustraum. Seufzen Sie aus. Richten Sie sich innerlich auf, bevor Sie sprechen.

- ◎ **Ihr Gesicht:** Lassen Sie den Kiefer und die Wangen hängen. Das entspannt die Kau- und Sprechmuskulatur. Gehen Sie mit der Schwerkraft und arbeiten Sie nicht dagegen. Glätten Sie die Stirn. Zornesfalten sind keine Sympathietreiber. Und sollten Sie noch immer unbeobachtet sein: Ziehen Sie Ihre Mundwinkel von einem Ohr bis zum anderen, um dann den Schmollmund kräftig zu spitzen. Strecken Sie die Zunge weit heraus. Spüren Sie nach, wie es in Ihrem Gesicht kribbelt. Das sind die besten Voraussetzungen für eine artikulierte Stimme mit Resonanz.

Lassen Sie Ihr Ziel eines Vertragsabschlusses erst einmal vor dem geistigen Auge in eine weite Ferne verschwinden, um sich auf den Moment zu besinnen. Nehmen Sie wahr, was Sie in der aktuellen Sekunde spüren, und nicht, was in 20, 30 Minuten kurz vor dem Abschied geschehen wird. Ihr tägliches Training nach meiner Methode des Sense Focusing wird Ihnen helfen, einfach loszulassen. Steigen Sie in den Moment ein mit all Ihren Sinnen. Davon lebt ein Dialog. Richten Sie den Fokus auf die Signale, die der andere Ihnen sendet. Achten Sie darauf, die Führung nicht zu verlieren. Schon kleine Bewegungen reichen aus, um sich Ihrer Selbst wieder sicher zu sein, um Ihr Reden und Handeln nahezu in Echtzeit zu beurteilen.

Ein Resonanzboden für Stimmungen

Von Geburt an sind Menschen mit Spiegelneuronen ausgestattet. Diese faszinierenden Nervenzellen vermögen Signale auszusenden, bevor diese Ihrem Gesprächspartner bewusst sind. Sie machen erlebbar, wie andere sich fühlen und bewegen. Allein durch einen aufmerksamen Blick auf die Gesten, die Mimik, die Körperhaltung Ihres Gesprächspartners können Sie sein Handeln voraussehen. Geübte Kommunikatoren machen sich dieses Wissen zu eigen, indem sie Fährten legen, die Wohlwollen und Zustimmung erzeugen. Das ist kein Zauberwerk, sondern das entsteht durch Wahrnehmung – achten Sie einmal auf die folgenden Signale:

- Steht Ihr Gesprächspartner mit eingezogenen Schultern vor Ihnen?
- Sieht er Sie grimmig an?
- Verschiebt er hektisch die Unterlagen auf seinem Schreibtisch?
- Schielt er auf seine Uhr und wirkt unkonzentriert?

Aber Achtung! Ihre Spiegelneuronen stellen sich auf diese negativen Momente ein. Halten Sie inne. Fragen Sie sich, wie Sie die Führung übernehmen, wie Sie positive Strahlen senden.

 Wenden Sie Ihr Sense Focusing an und entschärfen Sie die Gesten des anderen, indem Sie bewusst Ihre Schulterpartie lockern und ihn freundlich ansehen.

Sprechen Sie mit ruhiger Stimme und einen Takt betonter als üblich. Aber bitte vergessen Sie niemals die Intention Ihres Gesprächs. Ihr Partner wird die Signale aufnehmen und seinerseits spiegeln. Das Gespräch nimmt einen anderen, einen entspannten Verlauf. Sie haben die Basis gelegt, um fortan mit einem Echo zu punkten.

- Nicken Sie aufmerksam, wenn er redet.
- Lassen Sie hören, dass Sie aufmerksam sind.
- Erwidern Sie den Blick.

- Fragen Sie nach, ob Sie ihn richtig verstanden haben, bekräftigen Sie die Situation.
- Achten Sie auf die Sprechgeschwindigkeit des anderen. Erkennen Sie die Dynamik.

Menschen sehnen sich nach Synchronität, besonders im Business. Erfolgreiche Teams kennen den Wert der Resonanz und nutzen die Resonanz, um sich gegenseitig zu inspirieren. Charismatische Redner fangen die Energie eines ganzen Saales ein, erkennen die Erwartungen und erfüllen sie mit Genuss. Ihnen gebührt der größte Applaus.

An all diesen Stimmwerkzeugen aus Selbstwahrnehmung, innerem Hebel und Beachten der Spiegelneuronen dürfen Sie nicht allzu absichtsvoll schrauben. Das nähme Ihrer Persönlichkeit die sympathische Note. Das gilt besonders für das Präsentieren und Reden vor Publikum.

Nervosität nutzen und Lampenfieber ignorieren

Als ich vor vielen Jahren als Coach für die Wirtschaft meine zweite Karriere startete, habe ich mich oft gefragt: Was ist das, was Männer und Frauen vor Publikum hemmt? Was macht aus kompetenten und lebensfrohen Menschen in wenigen Sekunden ein Häufchen Elend, wenn sie vor Kollegen oder Verhandlungspartner treten, um ihr Thema aufzurollen? Sie sind fit in ihrem Wissen. Sie können sich im Zweiergespräch elegant von Stufe zu Stufe bewegen, mit Witz und Charme.

Aber dann: Inmitten einer Zuhörerschar wirken sie wie ein verlassenes Kind, schutzbedürftig und bereit, zu flüchten. Ihr Körper verrät Anspannung. Durch ihre zaghafte Stimme und enge Gesten werden sie klein. Sie halten den Ellenbogen dicht am Brustkorb, als könnte der Kontakt mit den Rippen sie schützen. Dabei engt er ein, untersagt eine einladende Bewegung und behindert die Atmung. Diese Haltung ist Gift für die Stimme.

Anfangs breitet sich ein Hauch Mitleid im Publikum aus, was leicht übergeht in ein Gemurmel. Denn das Publikum will unterhalten, angeregt, begeistert werden. Ein Schauspieler kennt diesen Anspruch. Das hat er gelernt. Das ist sein Talent. Er blüht auf in seiner Rolle als Unterhalter und weiß die Nervosität als Motor zur Leistungssteigerung zu nutzen.

Nervosität ist ein zuverlässiges Phänomen: Es kommt und verfliegt ebenso geschwind wieder. Was ich aber immer wieder beobachte: Die Nervosität wird hochgesteigert auf die dramatische Stufe des Lampenfiebers. Dieser Zustand kann Qualen verursachen. Für den Redner. Und für das Publikum. Viele Theorien und Praxistipps kursieren durch die Szene. Ich halte sie allesamt für kaum brauchbar und umsetzbar. Weder das Merkel'sche Dreieck noch die Bauchatmung noch ein Hecheln verhindern den Hitzeschub.

Menschen, die unter Lampenfieber leiden, stehen unter einem enormen Leistungsdruck. Den erlegen sie sich selbst auf. Sie wollen perfekt sein und das wiederum führt zu einer übersteigerten Selbstkontrolle. Sie wollen ihre Hemmungen in diesen wenigen Sekunden vor dem Sprechen überwinden. Sie spüren, wie ihr Körper verspannt und wie ihr innerer Kritiker mit einem Säuseln flüstert: »Sie beobachten dich!« Und: »Machst du das wirklich gut genug?« Oder: »Andere sind womöglich besser als du.«

Warum lassen Sie sich Ihre Kreativität ausreden?

Glaubenssätze sind mit dicker Tinte geschrieben und mahnen uns seit Kindertagen, nicht zu laut zu sprechen, keine Widerworte zu geben, bescheiden zu sein, leise zu treten. Das sind die Ergebnisse der schwarzen Pädagogik, und das bleiben die Feinde eines jeden Vortragenden. Denn die Narben der Kindheit verheilen niemals gänzlich. Bis heute prägen Eltern und Lehrer den Alltag durch Notendruck. Sie schmettern mit Mahnungen nieder. Damit killen sie ein selbstbewusstes Wirken der Kinder. Sie fördern ein Regelpauken und dämmen eine der schönsten Gaben ein: die Kreativität. Diese leichte Muse in uns schweigt, wenn Druck und Drohung herrschen, wenn Leistungszwang erdrückt.

Kreativität braucht die Freude, die Neugier, den Raum, um auf Gedankenwolken zu schweben und zu tanzen. Sie wohnt im limbischen System, wo Gefühle und Beziehungen sich verbinden. Solange es Ihnen nicht gelingt, genau dort hinein, in diese Region der Inspiration, zu gelangen, passiert Folgendes: Ihr Körper steht unter Stress, denn er reagiert auf die Warnungen des inneren Kritikers. Also pumpt Ihr Gehirn erst einmal eine Überdosis Adrenalin in die Adern. Gedanken und Worte werden mit Angst und Schweigen überflutet. Also herrscht Ruhe auf der Bühne und im Publikum.

Und was tun Sie in diesem Trauerspiel? Sie spiegeln Lampenfieber. Diese Botschaft empfängt Ihr Publikum, und die Spiegelneuronen Ihrer Zuhörer wirbeln in gleicher Weise. Sehen Sie einmal in die Gesichter der Zuschauer, wenn ein schwitzender, verzweifelter Redner vor ihnen steht. Die Augen sind weit aufgerissen. Die Lippen sind zusammengebissen. Der Atem stockt. Und der Leidende auf der Bühne spürt mit jeder Sekunde intensiver seine unbeschreibliche Angst vor der Scham. Scham ist ein hartnäckiger Gefühlsteufel.

Was können Sie unternehmen, um Ihre Persönlichkeit glitzern zu lassen?

Erinnern Sie sich noch an das Drei-Gehirn-Modell? Hier greift es wieder: Spürt Ihr Stammhirn eine außergewöhnliche Situation, dann will es Sie schützen und stellt alle Signale auf Flucht. Weg hier! Der Kortex hingegen widerspricht diesem Impuls. Er will erst einmal denken und kontrollieren und bewerten und mahnen. Ein Konflikt tobt im Kopf. Das Stammhirn ergreift die Initiative, denn es hat noch eine Karte im Ärmel. Totstellen! Schon werden Ihre Bewegungen kleiner, die Gesten frieren ein. Das merkt Ihr Publikum. Und das wiederum merken Sie. Das ist Ihnen unangenehm und Sie wollen die Stimmung sofort ändern.

Und vielleicht verstecken Sie dann die Hände hinter dem Rücken, wenn sie vor Nervosität zittern. Vielleicht kaschieren Sie hektische Flecken am Hals hinter einem Rollkragenpullover. Vielleicht haben Sie freundliche Begrüßungsgesten einstudiert. Sobald Sie aber den Mund öffnen und der erste Schall ertönt, lässt sich die Wahrheit nicht mehr leugnen. Sie stehen quasi nackt da. Unverfälscht. Pur. Ihre Stimme dient Ihrem Publikum als untrüglicher Indikator. Die ist per se der Verräter Nummer eins, wenn es darum geht, Ihre Ängste zu entlarven. Wie beeindruckend der inhaltliche Aspekt Ihres ersten Satzes auch sein mag, die erste Tonwirkung wird ihn überlagern, wenn die Stimme flattert.

Es wird Zeit, diese Schranken im Kopf mit einem Jubelschrei einzureißen und von nun an die Persönlichkeit im Scheinwerferlicht glitzern zu lassen. Sie können innerlich wachsen, wenn Sie neue Nervenbahnen legen und die Straße der Scham zum Nebenpfad erklären. Sie können der Scham ein Schnippchen schlagen, indem Sie Ihr inneres Kind wecken, indem Sie blödeln und damit Ihr limbisches Gehirn aktivieren. Das ist der einzige Weg, um das Lampenfieber zu heilen, und zwar in Sekundenschnelle.

 Blödeln Sie wie ein Kind.

Ich erinnere mich gut an eine Klientin, eine Ingenieurin aus Wien, verantwortlich für die Sicherheitsstandards in einem Weltkonzern. Ihre Karriere verlief steil, aber nun drohte der Knick. Mit einem Blick auf ihre Vita wurde mir klar: Sie ist eine Spezialistin ihres Fachs. Unseren Erstkontakt gestaltete sie sympathisch und konkret. Das spiegelte ich ihr. Sie erzählte: »Ja, meine Mitarbeiter im Team schätzen mich als Häuptling. Ich sage, wo es langgeht, und liege damit immer richtig. All die Kompetenz aber verschwindet, wenn mein neuer Chef vor mich tritt.« Ich zog fragend die Brauen hoch. »Sobald er mir in die Augen sieht, werde ich rot wie ein Mädchen. Er hat diesen strafenden Blick. Ich fühle mich ertappt. Sobald er ein Statement zum Projekt verlangt, piepst meine Stimme. Können Sie sich das vorstellen? Ich schäme mich dafür.« Und damit hat die patente Frau den Nagel auf den Kopf getroffen.

Wir versuchten gar nicht erst, ihre Glaubenssätze zu ersetzen. Dieser Prozess ist langwierig und gehört in die Hände eines Therapeuten. Hier war Erste Hilfe nötig. Und ich gab Ihr den Rat: »Blödeln Sie, bevor Sie das nächste Mal sein Zimmer betreten. Blödeln macht die Muskeln locker und switcht gedanklich um aufs Spiel. Und in der Fantasie kann der größte Gruselfeind zum Kuschelhasen werden.«

Wir telefonierten wenige Tage später. Ich war von der Erfolgswucht meines Tipps selbst überrascht: »Herr Fischbacher, Sie ahnen nicht, was in der vergangenen Woche passiert ist: Vor dem Jour fixe mit dem neuen Chef ging ich ins Bad. Ich sah in den Spiegel und schnaubte wie ein Pferd. Ich schnitt Grimassen und tanzte wie ein Gorilla. Ich merkte, wie witzig ich das alles fand, und wollte gar nicht mehr aufhören. Am liebsten hätte ich einen Handstand gemacht, so wie früher vor der Badewanne, als der Schaum sich darin türmte am Samstagnachmittag. Meine Frisur verrutschte. Es war mir egal. Mit einem Schwung zerrte ich ein Taschentuch hervor, putzte den Spiegel wieder streifenfrei und federte zum Termin. In mir wirbelten noch die Glückshormone. So stand ich da, leicht verstrubbelt und ohne Lippenstift. Ich habe den Perfektionismus irgendwo zwischen dem Wiehern und Tanzen in diesem Bad verloren. Jedenfalls für diesen einen Moment. Denn ich habe tatsächlich mit fester Stimme vorgetragen, habe die Zähne gezeigt beim Lachen und mich sogar getraut zu sagen: ›Ich möchte mit Ihnen über mein Gehalt reden.‹ Er zuckte – und das erste Mal sah ich ein Flackern von Sympathie in seinen Augen.«

Blödeln ist ein Zauberwort, um Hemmnisse zu lösen. Ich habe schon Vorstandsvorsitzende in imaginären Rennautos durch den Seminarraum flitzen sehen und Geschäftsführerinnen als Leadgitarristen erlebt. Schon Friedrich Nietzsche wusste: »Man muss noch Chaos in sich haben, um einen tanzenden Stern gebären zu können.«

> **!** Blödeln ist eine Turbo-Methode, um kompetent und angstfrei zu
> ● reden. Schütteln Sie ab, was hindert und schwer macht. Und dann
> sammeln Sie sich und gehen über zur Tagesordnung.

Nichts wirkt erfrischender für das gesamte Image eines Unternehmens als gute Laune. Sie steigert die Motivation und gibt der Leistung einen Klang der Freude. Erfolgreiche Unternehmen fügen Ihrer Identity den Aspekt des Klangs hinzu. Ich nenne ihn »The Corporate Voice«.

Corporate Voice

Eine Corporate Identity besteht aus den Facetten Design, Wording, Communication, Culture und Behavior. Diese Symbiose ergibt im besten Fall ein harmonisches Gesamtbild. Sie reflektiert Ihren Mitarbeitern und der Öffentlichkeit, wie Sie sich sehen. Dazu wählen Sie grafische Elemente für Ihr Logo und Schrifttypen für Ihre Briefe und Broschüren. Sie legen die Tonalität und Bildsprache fest, bestimmen, welcher Geist in Ihrem Hause weht. Vielleicht gehen Sie sogar weiter und bündeln Ihr Selbstverständnis in wenige Leitsätze, an denen Sie sich messen lassen.

> **Die Corporate Voice ist ein existenzielles Merkmal Ihrer Corporate Identity.**

Diesen Rahmen zu ziehen um jeden Auftrag, um jedes Auftreten nach innen und außen halte ich für existenziell. Das verhindert Beliebigkeit und gibt in der Summe Ihrer Marke einen Charakter. Das wissen Sie als Profi, und sicherlich werden Sie nicht müde, Ihre Mitarbeiter zu schulen und mitzunehmen in diese Welt Ihrer Unternehmenspersönlichkeit. Erst wenn all diese Werte verinnerlicht werden, gelebt aus tiefer Überzeugung heraus, kann ein Image wachsen, so, wie Sie sich das wünschen. Vertrauen entsteht durch ein klares Profil, durch Leistung und durch eine zugewandte Haltung, durch Versprechen, die sich zuverlässig erfüllen. Ich fühle mich wohl, wenn ich mit Unternehmen kommuniziere, die diesen Stil pflegen. Noch runder wäre das Unternehmensbild, würde eine Facette hinzugefügt: die Stimme. Ich meine hier nicht die Worte in Gesprächen, die Reden vor Publikum. Ich verstehe die Corporate Voice als übergeordnete Größe, als Merkmal Ihrer Corporate Identity.

Menschen erfassen die Welt mit ihren Sinnen. Je mehr Sinne angesprochen werden, desto nachhaltiger bleibt ein Eindruck. Erinnern Sie sich an den Aufschrei, der vor zehn Jahren durch den Buchmarkt hallte, als E-Books dem Lesen eine andere Dimension gaben? Wer schon, so tönten die Digitalaffinen, würde sich in diesen Zeiten die Wohnung mit Regalen voller Papier zustellen, wo doch 400 000 Zeichen und mehr auf ein MB und in einem Miniformat von wenigen Gramm sortierbar wären? Der Triumph kam zu früh. Das Printbuch überlebte und erfreut sich nach wie vor großer Beliebtheit. Weil das Berühren des Papiers, das Geräusch des Blätterns, die Prägung des Covers, der Geruch, die Anmutung, die Wirkung der Gesamtheit die Sinne streifen.

Je mehr Reize Sie setzen, desto eher gelingt es Ihnen, sich im Bewusstsein der Menschen zu verankern.

Porsche setzt die hörbare Facette in der Produktentwicklung und PR vorzüglich um. Seit Jahren verbinden Mitarbeiter, Lieferanten, Kunden, Medien und die Anhänger der sportlichen Exquisit-Marke Klänge mit dem Unternehmen: das Zuschlagen der Autotür und das satte Wummern der Zylinder. Das Geräusch ist voll und tief. Bei jedem Liebhaber schnittiger Autos gibt es ein Kribbeln im rechten Fuß. Wie wäre es, Sie würden Ihrer Corporate Identity eine hörbare Sinnlichkeit hinzufügen?

2. Akt: Die Präsentation – Wie Sie Ihren Standpunkt hörbar machen

Um es gleich vorweg zu sagen: Die Rede vor Publikum stellt die größte Herausforderung für jeden Menschen dar. Er steht auf der Bühne. Allein. Er blickt in den Raum. Nervös. Hundert Männer und Frauen machen es sich bequem vor ihm und scheinen nur eines zu erwarten: Unterhaltung. Der Redner denkt nur eines: Rede, solange die noch hinhören. Und das verschlägt ihm die Sprache.

Wenn Sie es jetzt nicht schaffen, Ihren Standpunkt zu finden und die Führung über sich selbst zu übernehmen, dann mutieren die Zuhörer vor Ihrem geistigen Auge zu einer Meute. Ihr Stammhirn gerät in Aufruhr. Alarm! Sie spiegeln Ihren Zuhörern einen enormen Stress, und wie in einem Drama läuft alles auf eine tragische Entwicklung hinaus. Also straffen die Zuschauer den Rücken und ihr Sonnengeflecht im Bauch, neigen sich nach vorne – und halten die Luft an. Sie wiederum bewerten diesen Aufmerksamkeitsschub als Angriff. Den wollen Sie abwehren. In jeder Art von Präsentation gelangen Redner in diese Spirale im Gehirn.

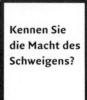

Kennen Sie die Macht des Schweigens?

Unterbrechen Sie diesen Teufelskreis, bevor Sie ein erstes Wort belanglos in das Licht der Scheinwerfer pressen. Ich rate Ihnen: Schweigen Sie. Stellen Sie sich auf beide Füße und spüren Sie den Boden. Der wird Sie tragen. Stellen Sie sich vor, Sie stehen auf einem Surfbrett, ausbalanciert und mit Freude. Lösen Sie die Knie, lassen Sie das Auf und Ab der Emotions-Wogen zu. Denken Sie daran, es sind minimalistische Bewegungen, die Ihren Stand festigen, und nicht die große Geste. Atmen Sie. Das wird Ihr Zwerchfell dehnen.

! **Ich bitte Sie: Sagen Sie in den ersten drei Sekunden kein einziges Wort, sondern fühlen Sie sich ein in die Situation nach allen Regeln der Kinästhetik. Damit sensibilisieren Sie Ihre Gedanken, Ihre Muskeln, Ihre Bewegungs- und Sprachmuster für den Augenblick, bevor Sie ansetzen zu reden.**

Erinnern Sie sich an die Methode der Selbstwahrnehmung aus dem vorigen Akt? Auch hier ist dieses Werkzeug passend. Es hilft Ihnen über die Nervosität hinweg und stimmt Sie ein auf Ihr Programm als Redner und Präsentator. Dann sehen die Gesichter, in die Sie blicken, gleich wohlgesonnener aus und irgendwo aus dem Bauch krabbelt ein Gefühl von Vorfreude in Ihnen hoch.

! **Spüren Sie, wie Ihre Aufmerksamkeit wächst, damit werden Sie wieder zum Regisseur der Show.**

So lautet mein Rat für Ihre Rede, für die Königsdisziplin der Auftritte: Nehmen Sie eine wertschätzende Haltung ein für die Menschen, die da sitzen und Sie ansehen und darauf warten, dass Sie Ihre Stimme erheben. Das ist ein Geschenk. Wie wäre es, wenn Sie es genussvoll in Empfang nehmen würden und erst einmal in Ruhe betrachten? Diese Anregung gebe ich meinen Klienten in der Wirtschaft, während wir für große Auftritte proben.

Stimmwirkung auf der Bühne

Unternehmen, die die Bühnenshow in ihr Kommunikationskonzept integrieren, wissen, wie wichtig die Stimme für ihr Image ist. Sie verbinden die Reize für Auge und Ohr, bieten Unterhaltung und manchmal die große Show. Ob das gelingt, hängt von der gesamten Inszenierung ab, und ganz besonders vom Auftreten des Moderators. Seine

Eloquenz, seine Ausstrahlung, seine sympathischen Sprachmuster müssen das Publikum berühren. Einem Moderator muss es gelingen, mithilfe von Licht- und Toneffekten eine Unterhaltung mit Nutzwert zu verbinden. Dieser Anspruch geht weit über das Training der Stimme hinaus.

> **Ein Moderator kennt die Instrumente der Unterhaltung aus Präsentation, Interview, Talkrunde und schauspielerischen Intermezzi.**

Aus meiner Zeit als Schauspieler weiß ich: Dieses Repertoire würde normalerweise eine Ausbildungszeit von mindestens einem Jahr voraussetzen, denn nach neurowissenschaftlichen Statistiken benötigt unser Gehirn 3000 bis 5000 lustvolle Wiederholungen, bis sich Synapsen bilden und verstärken. Erst dann ist sicher, dass eine Handlung automatisch und ohne Nachdenken abläuft. In der Wirtschaft hängt der Erfolg aber von stetigen, flexiblen Reaktionen am Markt ab. Und an dieser Stelle wiederhole ich mich gerne: Üben Sie im Alltag. Finden Sie Situationen, in denen Sie Ihre Wirkung unbemerkt testen. Im Mittelpunkt aller Übungen stehen vier Module:

1. der Umgang mit der Technik,
2. der Sprechrhythmus aus Reden und Schweigen,
3. der raumfüllende Klang der Stimme und
4. die Bereitschaft, die Führung zu übernehmen.

> **Finden Sie Freude am Improvisieren. Diese Dauerübung ist eine Voraussetzung für überraschendes Auftreten, für Ihre raumfüllende Stimme und für Ihre Sprechweise, die zum Unternehmen und zum Anlass passt.**

Vom richtigen Umgang mit Mikrofonen

Ein Profi kennt die Technik. Das Wissen um die Funktionen erzeugt Souveränität und das gute Gefühl, nicht über Nebensächlichkeiten zu stolpern. Bedenken Sie: Auf der Bühne stehen Sie vor einem Saal voller Unbekannter. Die erste Aufgabe wird es sein, eine warme Atmosphäre zu erzeugen, Spannung knistern zu lassen, mit Sympathie zu punkten. Ein Ablenken durch Ihr Equipment würde diese Intention stören.

Zwar würden Ihnen im Ernstfall Fachleute zur Hand eilen, aber Sie würden wie ein Anfänger aussehen. Das wiederum ist kein guter Einstieg in Ihre Performance.

Wissen Sie, wie Sie die Mikrofon-Fallstricke umgehen?

Fallstricke gibt es ab dem ersten Ton. Angenommen, Sie laufen im Rhythmus der Musik auf die Bühne. Angespornt vom Applaus der Gäste werden Sie erfasst von einem Gefühl des Enthusiasmus. Sie ergreifen das Mikrofon, halten es zum Anbeißen nah vor den Mund und brüllen in den Saal hinein: »Guten Abend, meine Damen und Herren, ich begrüße Sie in der Stadthalle in Graz und verspreche Ihnen: Wir werden eine knisternde Stunde gemeinsam verleben. Herzlich willkommen!« Was passiert? Sie versetzen den Tontechniker in Panik, weil die Bässe dröhnen wie in einem Heavy-Metal-Konzert. Sie pusten Ihren Zuhörern die Haare vom Kopf, weil die Konsonanten pfeifen wie ein Orkangetöse. Schlagartig verstummt der Applaus.

Vielleicht hilft Ihnen die Vorstellung, dass Ihr Publikum Ihnen nah ist, ähnlich wie bei einem Gespräch mit einer Distanz von zwei bis drei Metern. Das ist die Idee für Ihre Lautstärke auf Redner-Niveau. Das entspannt Ihre Stimmbänder und stellt eine natürliche Verbindung zwischen Ihnen und den Zuschauern her. Die Töne werden getragen von der Schwingung zwischen Mund, Mikrofon und Lautsprecher, sie gelangen als angenehme Wellen in die Ohren und weiter als Sprache ins Gehirn.

> **!** Geben Sie nicht zu viel Ton ins Mikrofon, sondern beachten Sie: Die
> Membran leitet Ihre Stimme weiter. Nicht mehr und nicht weniger.
> ● Sie gibt ihr keine Klangfarbe, keine Prägnanz, keine Korrektur. Jeder
> Fehler bleibt hörbar.

Schon während der Projektplanung sollte Ihre erste Frage lauten: Welches Mikrofon eignet sich für den Auftritt?

Das Headset ist für mich die erste Wahl. Beide Hände bleiben frei und losgelöst vom Körper für weite Gesten, die eine Stimme dynamisch unterstreichen. Eine Bühne verlangt eine Choreografie. Zudem hat das Headset einen unschlagbaren Vorteil: Es verhindert ein Dröhnen. Die optimale Position des kleinen Mikrofons befindet sich rund zwei Zentimeter neben dem Mundwinkel auf Höhe der Wange.

Das Lavallier-Mikrofon wird am Jackett befestigt und ist für mich die zweite Wahl für Moderatoren und Redner. Auch hier bleiben die Arme frei und kein Kabel wird zur Stolperfalle, aber es gibt einen Wermutstropfen: Sobald Sie sich mit einem Partner unterhalten und den Kopf wenden, folgt das Mikrofon Ihrem Mund nicht. Die Verstärkung der Stimme lässt nach. Der Redner befürchtet, er könne sein Publikum verlieren, erhöht hektisch die Tonlage um eine Terz – und augenblicklich rutscht sie in den unpersönlichen Bereich. In Talkshows können Sie diese Situation beobachten, wenn die Köpfe sich ständig hin und her drehen, wenn alle durcheinanderreden und dabei schrill und hysterisch erscheinen. Bei solchen Szenen frage ich mich ernsthaft, wo ein Gefühl für die Nonchalance in schwierigen Situationen bleibt.

Das Handmikrofon hat Tücken. Lassen Sie nach Möglichkeit die Finger davon. Falsch gehalten, verstärkt es die Bässe und lässt Konsonanten explodieren, wenn der Winkel zum Mund nicht stimmt. Halten Sie es stets parallel zum Körper auf Kinnhöhe und lassen Sie die Luft über den Verstärker hinweggleiten, statt sie hineinzublasen. Das ist eine Konzentrationsarbeit, die Sie nicht unbedingt auf der Bühne brauchen. Zudem wird das Mikro mit der Zeit schwer, weil Sie diese Haltung über eine Stunde und mehr perfektionieren müssen, um den Klang zu erhalten.

Nun könnten Sie einwenden, dass Sänger sich gerne für diese Art der Klangverstärkung entscheiden. Ja, das stimmt. Aber Gesangsmikrofone schirmen jegliche Geräusche von außen ab, bündeln nur den Schall der Stimme intensiv, indem sie sehr dicht vor den Mund gehalten werden. Sänger wissen, wie sie mit ihrem Atem umgehen und halten das Mikrofon bei hohen Tönen weiter weg vom Mund.

Installierte Mikrofone am Rednerpult heißen im Fachjargon Schwanenhals. Sie zwingen zum Stehen auf der Stelle. Stimme aber ist hörbare Bewegung und es wäre schade, diese Facette zu missachten. Manchmal jedoch lässt der Rahmen der Veranstaltung keine andere Wahl, als vom Rednerpult aus zu moderieren. Lächeln Sie und reden Sie, aber bitte immer mit dem Gedanken im Kopf, dass das Mikro zu Ihnen kommt, und nicht umgekehrt. Strecken Sie Ihren Hals nicht hin zum Verstärker. Das hat für den Zuschauer eine unschöne Anmutung und ist für Ihre Stimme Gift, weil Sie sich verspannen. Sie verlieren Ihren Standpunkt. Solche Mikrofone fangen Ihre Stimme aus einer Distanz von 30, 40 Zentimeter perfekt ein.

 Wählen Sie Ihre Worte mit Bedacht, auch wenn Sie davon ausgehen, das Mikrofon sei abgeschaltet.

Davon kann so manche Moderatorin, so mancher Redner oder Talkgast ein Lied singen. Als eine RTL-Sprecherin in der Sendung »Punkt 12« einen Beitrag über die US-Sängerin Kesha mit den Worten kommentierte: »Wat 'ne Schlampe«, da hörten Hunderttausende Menschen diese Wertung mit. Der Techniker hatte vergessen, den Ton abzuschalten. Also bitte: Bleiben Sie freundlich und wertschätzend, sobald Sie ein Mikrofon in der Nähe sehen oder gar in der Hand halten.

Ton ab – Kamera läuft

Eine TV-Kamera im Saal verbessert das Image der Veranstaltung schlagartig. Davon wissen die Pressesprecher in Unternehmen ein Lied zu singen, denn der CEO ist begeistert, wenn ein Team aus Beleuchtern, Kabelträgern und Kameramann anrückt, um sein Statement einzufangen und in die Welt zu senden. Daran misst er den Erfolg der Veranstaltung.

Als Redner auf der Bühne bedeutet es eine gehörige Portion zusätzlichen Stress. Denn: Eine Kamera verzeiht keine Fehler. Unbarmherzig richtet sie die Blende auf Sie, auf Ihr Aussehen und Ihre Stimme. Jede Schweißperle glitzert, jedes Zucken im Gesicht verrät, wie Sie sich fühlen.

> **Nehmen Sie die Situation an, finden Sie Ihren Standpunkt durch einen leichten Druck auf die Füße. Von dort richten Sie sich auf und nehmen Sie Ihre Haltung ein, die sagt: Hier bin ich. Hier rede ich. Und nach drei Sekunden, nach einem Sammeln der Gedanken und einem Bündeln der Freude auf Ihren Auftritt, beginnen Sie zu reden, und zwar mit einer weiten Geste, die Ihre Stimme unterstützt.**

Ich werde oft gefragt, ob es ein Rezept gegen Lampenfieber gibt, das mit Sichten einer Kamera augenblicklich einen Fluchtdrang auslöst. Ich würde Ihnen an dieser Stelle gerne ein Geheimnis verraten, aber meine Antwort lautet: Nein. Ich kenne kein Zaubermittelchen, aber einen Trost. In langen Jahren als Theater-Schauspieler und als Redner habe ich erfahren: Auch hier müssen Sie das Lampenfieber annehmen. Sie können es nicht ignorieren. Der jüngere Kortex kommt mit seinem rationalen Denkvermögen nicht gegen den Fluchtdrang im alten Reptiliengehirn an.

Lernen Sie, mit der Kamera zu spielen.

In solchen Lampenfieber-Situationen denke ich an ein Malheur, das mir in jungen Jahren mit einem Druckkochtopf passiert ist. Der Topf dampfte, ich zog mit einem Ruck am Verschluss des Deckels, und explosionsartig schossen die Linsen an die Wand. Besser ist es, den Dampf langsam abzulassen und den Druck zu mildern. Denn: Zum Glück verflüchtigt sich der entstandene Stressstoff ebenso schnell, wie er über die Nervenbahnen jagt. Fangen Sie diesen Schub einfach ab, indem Sie ihn lokalisieren. Wo verspannen Sie in diesem Moment? Dorthin senden Sie Ihre Achtsamkeit. Ihr Gehirn muss diesen Muskel spüren, fassen, den Tonus prüfen. Dann lässt er locker. Ganz von allein. Sie werden dieses Wunder erleben. Das lenkt den Kortex ab, bevor er in aufwändige Prüfungsszenarien verfällt und Ihre Glaubenssätze in den Vordergrund schiebt. Sofort werden sich Körper und Geist wieder besänftigen.

Schweigen Sie so lange, bis Sie merken, dass Ihre innere Ruhe einkehrt, dass Ihr Herzschlag sich wieder verlangsamt.

Erspüren Sie die Veränderung in Ihrem Körper – und lächeln Sie währenddessen mit Charme in die Kamera. Sie werden diese innere Stille lieben lernen. Von dort aus dürfen Sie Ihr inneres Kind locken und Ihr limbisches System reizen.

Wenn die Aufregung Sie nahezu überwältigen sollte, sodass alle Impulse in Ihnen Sie zum Redestart zwingen, so widerstehen Sie diesem Drang bitte dennoch. Gehen Sie ein paar Schritte, um den Handlungsdrang loszuwerden. Dann finden Sie Ihren Standpunkt noch einmal neu, bewegen Sie sich ganz leicht – und dann erst beginnen Sie mit Ihrem Vortrag.

Rede im Stehen und denke im Gehen und fühle dich wohl in deiner Haut.

Dazu kann die Kleidung beitragen. Mode untermalt die Rednerpersönlichkeit. Was wäre die Bühnenwelt ohne Farben und Vielfalt der Accessoires, ohne den Wunsch, für ein paar Stunden dem Alltag zu entkommen? Raffiniert wird eine Inszenierung erst, wenn die Mode die Technik nicht stört.

Deshalb wählen Sie für Ihren Bühnenauftritt ...

- keine baumelnden Ohrringe und raschelnden Seidenschals. Beides beeinträchtigt den Ton.
- keine kleinen Karos. Sie flimmern auf dem Bildschirm und verursachen beim Zuschauer Kopfschmerzen.
- keine Miniröcke. Das kleine Schwarze mag im Stehen sexy wirken, im Sitzen rutscht der Saum noch höher. Das spürt frau. Sie schlägt die Beine übereinander und zupft am Stoff. Der gibt nicht nach. So verharrt sie in unbequemer Haltung. Der Rücken schmerzt. Das Zwerchfell klemmt. Beides hemmt die Stimmentfaltung.
- keine Kurzsocken. Männer neigen zu diesem Fehlgriff, weil sie nicht bedenken: Im Sitzen rutscht die Hose weit über die Knöchel. Flugs zeigt sich schneeweiße Haut als Kontrast zum üblichen Schwarz des Beinkleides, und zu allem Überfluss quellen auch noch die Beinhaare über die Socken. Dieser Anblick amüsiert den Kameramann. Er fängt ihn gerne ein und sendet ihn im Großformat auf die Bildschirme.
- keine unbequemen Schuhe. Für Ihre Stimme sind Schuhe mehr als Mode. Sie geben Ihrem Stand den Halt, Ihrer Bewegung die Leichtigkeit. High Heels sehen elegant aus, aber für eine Rede auf der Bühne eignen sie sich nicht. Sie können nicht dynamisch schreiten, laufen, sich frei bewegen. Sie stöckeln und wippen. Erinnern Sie sich: Stimme ist hörbare Bewegung. Geben Sie Ihr eine Modulation durch einen festen Tritt. Zusätzlich riskieren Sie mit unbequemen Schuhen einen Sturz vor Publikum. Mariah Carey brach sich vor nicht allzu langer Zeit eine Rippe auf Absätzen von schwindelnder Höhe. Seither versichert sie, sie laufe lieber auf flachen Schuhen über die Bretter. Schuhe markieren Ihren Standpunkt und Ihr Bewegungsmuster. Setzen Sie mehr auf Wohlgefühl als auf Wagnis.

 Überlegen Sie sich, wie Sie wirken wollen. Mit der Mode unterstreichen Sie Ihre Persönlichkeit und das Image Ihres Unternehmens.

Der hypnotische Trichter als Gedankenöffner

Eine Rede vorzubereiten und zu halten, das ist ein Projekt, das mit großem Aufwand verbunden ist. Sie werden Wochen mit Recherchieren, Skizzieren und Üben verbringen. Sie werden zweifeln und hoffen – und letztendlich sicher sein, dass Sie Kluges und Überraschendes bieten, dass Sie hundert Gäste unterhalten werden. Mit dieser Einsicht fiebern Sie Ihrem Auftritt entgegen. Irgendwann ist er da, der Moment, an dem Sie vor Ihr Publikum treten – und reden. Sie formulieren Ihre Gedanken zu Worten und senden sie durch das Mikrofon in den Raum, um dann den Spirit aufzunehmen, der manchmal beflügeln kann. Aber aus völlig unerfindlichen Gründen passiert – nichts. Die Energie findet weder den Weg zu Ihren Zuhörern noch zu Ihnen zurück. Das irritiert Sie. Ihr innerer Kritiker ruft Ihnen zu: »Was für eine Herausforderung! Du bist nicht gut genug. Biete ihnen was. Zieh sie in den Bann.« Gut, denken Sie und reden schneller, gestikulieren wilder. Jetzt nur keine Pause machen, denken Sie, sonst steigen einige Zuhörer gänzlich aus. Vielleicht verlassen die sogar den Raum. Welche Blamage.

Sie suchen Ankerpunkte in den Gesichtern der ersten Reihe, aber Ihnen begegnen nur verständnislose Blicke. Für einen Redner kann die Qual kaum größer sein. Aber es gibt ein Werkzeug, um Ihre Zuhörer wieder einzufangen und mitzunehmen, und das lautet:

 Zeichnen Sie Bilder in die Köpfe.

Emotionen erreichen Sie nicht durch Zahlen und Fakten, sondern durch Bilder im Kopf. Ein raffiniertes und effektives Stilmittel sind die hypnotischen Trichter. Sie werden Ihnen auf den nächsten Seiten noch oft begegnen. In allen Phasen eines Verkaufsgesprächs bündeln Sie so die Aufmerksamkeit Ihrer Zuhörer und bringen sie emotional genau dorthin, wo Sie das wünschen.

Hypnotische Trichter spielen mit der Vorstellungskraft. Sie sind der Kern eines jeden Dialogs. Sie beginnen nach immer gleichem Muster, das lautet: Erst den Trichter setzen, dann die offene Frage stellen. Dabei werden sie weitaus weniger als Stilmittel enttarnt als herkömmliche rhetorische Merkmale. Sie wirken nicht einstudiert, sondern gleiten völlig natürlich durch den Raum hin zum Zuhörer, und zwar mitten in seine Gedanken. Hypnotische Trichter spielen mit Suggestionen und setzen Wegweiser für die Ja-Straße. Einmal verinnerlicht und angewandt, werden Ihnen Mikroreaktionen der Zustimmung wie Nicken und Lächeln geradezu entgegenströmen.

> **Hypnotische Trichter spielen mit Suggestionen und setzen Wegweiser für die Ja-Straße.**

Wie funktioniert das? Sie treten vor Ihr Publikum, um über das Thema »Zeitmanagement« zu referieren. Sie finden Ihren Stand und lassen Ihren Blick über die Reihen gleiten. Sie schweigen – und mit diesem wortlosen Intro bündeln Sie die Aufmerksamkeit. Die Energie im Raum atmen Sie ein, mit dem Wissen um den Wert des ersten Satzes beginnen Sie zu sprechen:

Angenommen, Sie stellen am Ende des Tages fest, dass Sie Ihre Aufgaben nicht erfüllt haben, dass Sie jenen Zeitfressern zum Opfer fielen, die da heißen: E-Mail und Telefon, Kollegen und Chef. Sie haben sich vom Wesentlichen ablenken lassen und nun wankt Ihr gesamtes Projekt. Kennen Sie das? Guten Abend, meine Damen und Herren, mein Name ist Heinz Maier. Zeitplanung ist die Grundlage für Ihren Erfolg im Job ...

! **Mit nur einem Satz ist es gelungen, die Zuhörer ins Thema zu ziehen. Bedenken Sie: Am Anfang kann es Ihnen gelingen, einen magischen Moment zu inszenieren. Dann ist die Erwartungshaltung der Zuhörer sehr hoch. Vergeuden Sie diese Chance für Ihre Botschaft nicht mit einer faden Begrüßung.**

Der Beginn Ihrer Rede lässt sich mit einer Ouvertüre zum Konzert vergleichen: Sie führt in eine Komposition ein. Wenn ich mit Moderatoren trainiere, dann lobe ich das Werkzeug des hypnotischen Trichters. Ich empfehle es als eines der schillerndsten Stilmittel, weil die Zuschauer so nach Antworten suchen, bevor Sie die Fragen gestellt haben. Formulieren Sie folgendermaßen, um Situationen zu malen:

Angenommen, Ihr Kunde lässt Sie eine Stunde warten. Sie sitzen im Foyer einer Versicherungsgesellschaft, nippen an einem Glas Mineralwasser und sehen hin und wieder fragend zu dem Herrn am Empfang hinüber. Der zuckt mit den Schultern und so langsam spüren Sie einen Hauch von Ärger in sich aufsteigen. Sollten Sie gehen? Dann wäre der Vertrag gefährdet. Sollten Sie bleiben? Dann gerät Ihr Tagesplan durcheinander (Pause) ... Guten Abend, meine Damen und Herren. Dieses Problem kennen Sie als Vertriebsleiter. (Pause)

Vielleicht kommt Ihnen die folgende Situation bekannt vor: Sie sind in Ihre Fachlektüre vertieft. Das Telefon klingelt mitten in Ihre Gedanken hinein und leicht verärgert heben Sie den Hörer ab. Am anderen Ende schrillt Ihnen eine Stimme entgegen, und ohne auf weitere Inhalte zu achten, wollen Sie nur eines: Diese Stimme loswerden. Was ist passiert? (Pause) ... Guten Abend meine Damen und Herren, mit dem ersten Ton bereits kann ein Gespräch beendet sein. (Pause)

Stellen Sie sich vor, Ihr Chef fragt Sie in einem Meeting nach den Projektzahlen. Alle Köpfe wenden sich in Ihre Richtung und Sie spüren, wie eine leichte Röte am Hals hochkrabbelt und Ihr Gesicht überzieht. Sie haben die Zahlen nicht zusammengestellt. Sie haben es schlichtweg vergessen (Pause) ... Guten Abend, ich freue mich auf die nächste Stunde mit Ihnen und auf die Frage, wie Sie mit Ihrer Stimme unangenehme Situationen auffangen können. (Pause)

Der hypnotische Trichter beginnt mit den unscheinbaren Wörtchen *angenommen, vielleicht* **oder mit der Einladung** *Stellen Sie sich vor.* **Und er endet mit der Spannung auf Antworten, die Sie gleich geben werden, oder er nimmt den Einwand Ihres Gesprächspartners in eleganter Manier vorweg.**

Die Verkaufs-Formel »Wer fragt, der führt« ist falsch. Wer fragt, der überrumpelt den anderen. Mag auch in Ratgebern die rhetorische Frage empfohlen werden – ich halte aus stimmlicher und psychologischer Sicht wenig von diesem Pseudodialog. Der Zuhörer wird zu einer Handlung ermuntert. Sofort reagiert das Gehirn und scannt nach passender Reaktion. In der Zwischenzeit aber ist der Redner auf der Bühne längst weitergehechelt und lässt sein Publikum leicht irritiert zurück. In der Konsequenz verliert es den Anschluss an die Inhalte. Und straft den Redner auf Dauer mit einem inneren Abschied.

> **Was halten Sie von der Verkaufs-Formel »Wer fragt, der führt«?**

Es geht in einer Begegnung immer um Zuwendung und Empathie. Wenn Sie Ihren Zuhörer zunächst einstimmen auf Ihr Thema, indem Sie eine Situation vor seinem geistigen Auge entstehen lassen, dann erreichen Sie eines: Sie kreieren einen gedanklichen Schauplatz. Dort können Sie sich gemeinsam treffen. Mit den hypnotischen Trichtern laden Sie andere Menschen ein, Ihnen auf eine Reise durch Ihr Thema zu folgen. Und betrachten wir an dieser Stelle noch einmal mein Drei-Gehirn-Modell, so stellen Sie fest: Mit Wortbildern aktivieren Sie das limbische Gehirn, die emotionale Schaltzentrale.

Hypnotische Trichter erreichen also den assoziativen Bereich und neutralisieren Einwände, Vorbehalte, Belastungen. Unweigerlich entsteht Leichtigkeit, schaltet sich das Schmerzzentrum aus. Ihr Zuhörer genießt das gute Gefühl und schenkt Ihnen einen dicken Sympathiepunkt.

Für Sie hat das einen zusätzlichen überaus starken Aspekt: Sie arbeiten mit Pausen. Sie zeichnen ein Bild und lassen es wirken. Durch Schweigen. Durch den Wechsel von laut und leise, von Bewegung und Stillstand. Ein Autor schreibt ein Buch mit diesem Spannungsbogen. Er entwickelt eine Geschichte und teilt sie in Absätze. Er lockert sein Schriftbild auf durch Zwischenüberschriften, durch Gedanken, die gleichsam Ankerpunkte für den Leser sind. Er unternimmt alles, um eine Bleiwüste zu vermeiden, in dessen Dickicht sich ein Leser verfängt.

Und so entsteht über viele Seiten ein Sog aus Pause und Wort und Pause. Meine Verkaufs-Formel berücksichtigt neurowissenschaftliche Forschungen und lautet: »Erst in der Pause wird der Redner verstanden.« Geben Sie Ihren Zuhörern den Freiraum für Gedankenspiele. Dann werden die Worte wie Sinnperlen aufgefädelt und im Gehirn auf Interesse geprüft. Alles andere würde nur im Ultrakurzzeitgedächtnis landen. Es würde keinen Wert erhalten und mit dem Wissen Ihrer Zuhörer nicht verknüpft. Die Mikroreaktionen wären nicht Nicken und Lächeln, sondern Abwehr.

> **Erst in der Pause wird der Redner verstanden.**

Seien Sie sich gewiss: Erst wenn der Groschen fällt, wenn Ampeln der Ja-Straße auf Grün schalten, dann sind Sie Ihrem Ziel näher als je zuvor. Laden Sie die Menschen in Ihren Hörraum ein wie ein guter Gastgeber.

 Bereiten Sie jede Frage mit einem hypnotischen Trichter vor, um die innere Glühbirne für die Antwort leuchten zu lassen.

Raumfüllendes Sprechen in jeder Situation

Wenn ich einige Zeilen zuvor die Energie beschrieben habe, die einen Redner tragen kann, dann meine ich damit das reißfeste Band, dass Sie von der Bühne bis hin in die letzte Stuhlreihe schwingen lassen. Dabei ist es völlig egal, ob Sie ein intro- oder extrovertierter Typ sind. Darauf stellt sich Ihr Zuhörer gerne ein, wenn es Ihnen gelingt, Ihre Stimme raumfüllend fließen zu lassen.

Physiologisch betrachtet dirigiert das Auge, wohin Ihre Stimme spricht. Bedenken Sie, dass der Zuhörer dem Schall aus Ihrem Mund folgt und zusätzlich als Nachhall aus allen Ecken des Raumes wahrnimmt. Unterstreichen Sie also Ihre Worte mit Gesten, betonen Sie Ihre Aussagen zusätzlich mit Ihren Händen in einer ruhigen und natürlichen Weise.

Introvertierte Menschen fühlen sich in einem kleinen Radius wohl, und das mag der Grund dafür sein, warum sie sich mit ihren Blicken häufig an der ersten Stuhlreihe festklammern. Die so Angesprochenen neigen sich nach vorne, um zu hören. Alle anderen lehnen sich zurück. Sie fühlen sich nicht angesprochen und steigen aus, weil die Energie der Stimme zwischen erster und zweiter Reihe verloren geht. Es gibt aber 50 Folgereihen. Die Herausforderung für den introvertierten Redner ist also, die Stimme rundum in den Raum zu senden, damit sie sich entfalten kann, um die Ohren aller Personen zu streifen.

Extrovertierte Redner hingegen wollen sich zeigen. Stimmlich und körperlich. Ihr Blick rast im Tempo ihres Redeschwalls wie ein Pfeil nach vorne. Das drückt die Zuhörer fort. Sie wenden sich ab. Extrovertierte Redner sollten also prüfen, wie sie dies verhindern können.

Heben Sie die Stärken Ihrer Persönlichkeit hervor, indem Sie:

- Ihr Bewusstsein für die architektonischen Gegebenheiten schulen,
- Ihr Wissen über die Stimmwirkung perfektionieren,
- Ihren Worten eine klangliche Weite geben und
- den Raum, in dem Sie sprechen, zum Tönen bringen.

> **Lassen Sie auch die Umgebung auf sich wirken, nehmen Sie die Architektur und die Atmosphäre wahr, bevor Sie den ersten Satz sprechen. Lauschen Sie, wie der Raum klingt.**

Sich den Raum zu eigen zu machen, ihn mit den Sinnen zu erfassen, bevor Sie ihn mit Ihrer Stimme füllen, das ist ein ganzheitlicher Ansatz. Haben Sie einmal ausprobiert, wie unterschiedlich Räume klingen? Ob der Nachhall Ihrer Worte gedämpft oder verstärkt wird, ist abhängig von den Materialien und der Formgebung. Führen Sie dazu die folgende Übung durch.

ÜBUNG: Bringen Sie den Raum zum Tönen

◎ Stellen Sie sich vor, Sie stehen in einem kargen Raum, glatt und gespiegelt, zum Beispiel in einem Badezimmer oder einem Hausflur. Die Wände sind weiß gestrichen, der Boden ist aus Stein. Keine Möbel, keine Bilder, keine Stoffe schlucken Ihren Ton, wenn Sie in die Hände klatschen oder Worte mit gedehnten Vokalen in die Luft rufen.

◎ Schließen Sie dabei die Augen und lauschen Sie nach, während Sie ein langgezogenes Eeee klingen lassen. Ihr Ton hallt zurück, dringt ins Ohr. Nicht sofort, aber ein oder zwei Sekunden später empfangen Sie ihn.

◎ Der Nachhall addiert sich in Ihrem Ohr zu Ihrer Primärstimme. Dieses Lauschen auf Tonwirkung, das ist Kinästhetik in Reinform.

Während des Trainings für ein raumfüllendes Sprechen habe ich mich schon so manches Mal über die enorme Steigerung der Stimmqualität bei Klienten gefreut und über die Tatsache, dass diese Art der Konzentration selbst Dialekt in passables Hochdeutsch korrigiert. Beim raumfüllenden Sprechen verlängert sich die Vokaldauer, was mühelos resonante und raumfüllende Töne produziert. Die Übung führt jede Behauptung, die Stimme sei in Lautstärke und Kraft angeboren, ad absurdum. Mit dieser Übung sind Sie von resonanten Tönen, von Ihrem enormen Potenzial nur wenige Sekunden entfernt.

Nehmen Sie dieses Gefühl für den Nachhall mit auf die Bühne. Starten Sie mit dem magischen Moment des Schweigens, steigern Sie die Freude auf Ihre stimmliche Präsenz.

Der Redner führt sein Publikum

Eine Rede zu halten heißt, sich für die Führung zu entscheiden. Sie geben den Ton und den Takt an und die Zuhörer sind bereit, sich für eine Zeit mit allen Sinnen auf Sie einzulassen. Das ist ein Vertrauensbeweis, den Sie mit Ihrer Körpersprache und Ihrer Stimme spiegeln. Mit Zehenspitzen, die auf das Publikum zeigen, und leicht geöffneten Knien, mit einem Aufrichten vom Lendenwirbel an und mit einem langen Nacken.

In dem Moment, in dem Sie sich entscheiden, eine Rede zu halten, nehmen Sie einen ganzen Strauß an Erwartungen an. Sie präsentieren die Marke Ihres Unternehmens, Sie schärfen das Image, Sie bieten Struktur und Storytelling. Sie sind Experte und Entertainer. Schon Goethe wusste: »Wer nur sich selbst spielen kann, der ist kein Schauspieler.« Ich füge gerne hinzu: »Wer mit der Stimme nicht variieren kann, wer nicht Gesten gleiten lässt und Impulse setzt, der ist kein Redner.«

Sind Sie ein angenehmer Gesprächspartner?

Im Dialog sind jene Menschen angenehme Gesprächspartner, die zuhören können, die den Grundsatz beherzigen, dass auf ein Drittel Redezeit zwei Drittel Zeit des Zuhörens und Verstehens folgen. Das mag das Geheimnis für ein wertschätzendes Miteinander sein – auch für die Bühne. Dort besteht der Dialog aus Reden, Zeit für Assoziationen und Gedankenlesen, um am richtigen Punkt wieder anzuknüpfen und mit dem Inhalt fortzufahren.

Seien Sie auf der Bühne ein südländischer Typ, einer der mit unschlagbarer Gelassenheit dasteht, der mit Händen und Füßen redet, der Emotionen in den Raum wirft, um mit einem Leuchten in den Augen den Nachhall wieder einzufangen. Ein Italiener ist niemals monoton. Er jongliert mit den Facetten seiner Stimme, er lächelt und nutzt die gesamte Bühne für eine Performance im Wellenschlag. Für Pausen. Für Schritte. Und fürs Reden.

Bevor Sie die Bühne betreten, wärmen Sie sich mit einem Stimmsprint hinter verschlossener Türe auf.

Dieser Sprint sieht so aus: Reden Sie eine Minute lang über Ihr Thema. Ohne Punkt und Komma rasen Sie über die Zeilen. Dann stoppen Sie. Hören Sie nach. Ihr Gehirn ist nun gedanklich auf Ihr Thema eingestellt. Der erste Rededruck ist fort. Es wird Ihnen leichtfallen, vor Ihr Publikum zu treten – und zu schweigen. Freuen Sie sich auf den Beginn Ihrer Rede, wenige Sekunden später.

Illusion und Wirklichkeit in der Show – Interview mit Thomas Licht, Hairdreams

Eine Rede oder gar eine Show auf der Bühne bleibt ein Faszinosum. Getreu dem Motto: »Nach dem Spiel ist vor dem Spiel«, schreiben Unternehmen wie Hairdreams ihre Drehbücher saisonweise. Es geht um Information und Illusion, denn Träume kommen niemals sachlich daher. Das weiß **Thomas Licht**, der Marketing-Vorstand jenes Unternehmens, dessen Geschäftsidee vor 20 Jahren in einer kleinen Friseurstube in Österreich geboren wurde.

Damals wie heute waren Haare ein angesagtes Thema, und das Gründerehepaar Ott hörte gut zu, wenn ihre Kundinnen von längeren, volleren Haaren träumten. Gute Ideen gären lange. Sie lassen sich nicht unterdrücken, sondern sie flackern wieder und wieder auf, und mit der Zeit nehmen sie Kontur an. Dann entsteht ein Handlungsimpuls, ein Punkt, an dem alles nach Verwirklichung strebt.

Was mit der Idee begann, seinen Kunden mit ausgesuchten Echthaaren und innovativen Einarbeitungsmethoden den Wunsch nach mehr Haarlänge und -fülle zu verwirklichen, ist längst zur Marke geworden, zu einer Erfolgsgeschichte weit über die Grenzen Österreichs hinaus.

■ *Herr Licht, wie bereiten Sie die Moderatoren für Ihre Bühnenshow vor?*

Jede Show ist anders, mit anderen Inhalten und anderen Zielen. Folgerichtig ist auch die Vorbereitung jedes Mal anders. Immer gleich ist jedoch die Aufgabenstellung, Botschaften auf eine möglichst emotionale, bewegende und zugleich aber auch eingängige und verständliche Art zu vermitteln. Gerade in der Schönheitsbranche sind Emotionen extrem wichtig. Angesichts einer riesigen Angebotsfülle gilt es aber auch sicherzustellen, dass die wesentlichen Aussagen fest in den Köpfen der Besucher verankert werden. Daher gehört zur Vorbereitung des Bühnenprogramms und der Moderation stets die Beschäftigung mit der Frage, wie wir diese Ziele immer wieder mit neuen, innovativen Präsentationsformen erreichen können. Dies geschieht im Team, sodass alle Beteiligten ihre Ideen und Gedanken einbringen können.

■ *Mit welchen Effekten arbeiten Sie?*

Bei einer Bühnenshow, wie sie in der Beauty- und Modewelt üblich ist, sind aufwändige visuelle Effekte und eine perfekte Choreografie heutzutage ein Muss. Sie sind Teil einer Inszenierung, in deren Mittelpunkt unsere Produkte und Techniken stehen. In der Regel arbeiten wir mit einer Mischung aus Modenschau mit Catwalk und Tanzeinlagen und moderierten Demonstrationen unserer Produkte an Modellen durch unsere Friseurexperten. Bei den Demonstrationen werden technische Details mithilfe von Live-Videoübertragungen für das Publikum sichtbar gemacht.

■ *Wann ist nach Ihrem Verständnis ein Moderator wirklich gut?*

Ein Moderator ist sehr gut, wenn es ihm gelingt, das Publikum vom Anfang bis zum Ende einer Präsentation zu fesseln. Er muss die entscheidenden Botschaften verankern und zugleich ein positives, sympathisches Feeling von unserer Marke vermitteln, mit dem sich das Publikum gerne identifiziert. Dabei sollte nicht er als Person im Vordergrund stehen, sondern stets die Inhalte der Präsentation. Zugleich muss seine Ausstrahlung zum Unternehmen und zum Thema passen.

Wenn ein Moderator nicht über professionelle Rhetorik und Präsentationstechnik verfügt, so bitten wir Experten um Hilfe.

■ *Wie gelingt es Hairdreams, das Publikum mitzunehmen?*

Ein guter Moderator alleine reicht nicht aus. Insgesamt muss die Show eine gut getimte Dramaturgie aufweisen, die kontinuierlich neue Spannungspunkte setzt und das Publikum »bei der Stange« hält. Dafür gibt es kein Patentrezept, sondern es muss jedes Mal ein neues, passendes Drehbuch entwickelt werden. Ein Stilelement, das wir dabei häufig einsetzen, sind Vorher-Nachher-Verwandlungen unserer Bühnenmodelle. Mit unseren Produkten und Techniken lassen sich dramatische Veränderungen von Frisuren bewirken, die hervorragend geeignet sind, um unsere Message publikumswirksam zu inszenieren.

■ *Wie wertvoll ist die Show für Ihr Image?*

Wir präsentieren uns in der Regel auf den größten internationalen Hairshows. Diese werden von Tausenden von Friseuren und Branchenvertretern und natürlich auch von allen wichtigen Medien besucht und aufmerksam verfolgt. Bilder und Berichte von der Show werden danach über Printmedien, TV und Internet rund um den Globus verbreitet. Die Show ist unser Imagetreiber am Markt.

■ *Welchen Tipp können Sie Unternehmen geben, die sich auf der Bühne präsentieren wollen?*

Werden Sie sich klar, welche Ziele erreicht und welche Botschaften genau vermittelt werden sollen. Es lohnt sich, diese Dinge so präzise wie möglich zu definieren und daraus dann alles Weitere abzuleiten. Zudem rate ich dazu, gerade am Anfang, wenn noch praktische Erfahrung fehlt, professionelle Experten zu Rate zu ziehen und sich beispielsweise in puncto Stimme und Moderationstechnik, Bühnentechnik und Choreografie unterstützen zu lassen. Schließlich noch ein eigentlich trivialer, aber in der Praxis oft unterschätzter Punkt: ausreichend Zeit für Proben und Korrekturen einplanen!

3. Akt: Im Gespräch –
Wie Sie mit kleinen stimmlichen Signalen
einen guten Dialog führen und
Ihre Ziele erreichen

In einem Verkaufsgespräch dreht sich alles um das Produkt und um die Leistung. Wirklich? Oberflächlich betrachtet: Ja. Psychologisch beleuchtet: Nein. In einem Verkaufsgespräch geht es um weitaus mehr. Es geht um Sehnsüchte, Begehrlichkeiten, um eine wertschätzende Kommunikation, jenseits von Werbefloskeln und Rhetorikblasen.

Wir leben in einer Zeit des Überflusses. Nur wer sich auf Dauer aus der Masse heraushebt, hat die Chance zu überleben. Das führte in der Vergangenheit bei Werbeagenturen oftmals zu einer falschen Interpretation. Die dachten sich: »Je lauter, desto besser!« Und entwarfen schrille Slogans, um den Kunden zum Hinhören zu zwingen. »Geiz ist geil« stand jahrelang für die Mission eines Fachmarktes. Diese Knappheit der Worte knallte durch die Kanäle – und prägte neben dem Image auch das Verhalten der Angestellten.

Können Sie einschätzen, wie Sie stimmlich wirken und beim Gesprächspartner und Zuhörer ankommen?

Ich erinnere mich gut, als ich in solch einem Fachmarkt eine halbe Stunde die Gänge auf der Suche nach einem Berater entlanglief, der mir spezielle Espresso-Maschinen erklären und empfehlen sollte. Ich fand keinen. Niemand war weit und breit zu sehen, außer anderen Kunden auf der Suche nach einem Verkäufer. Irgendwann entdeckte ich erfreut einen Mann mit Logo und Namen auf dem T-Shirt. Der war versunken in ein Prospekt, lehnte an einem Counter. Ich schritt auf ihn zu, grüßte ihn. Er nicht. Irritiert informierte ich ihn über meine Absicht, eine Espresso-Maschine zu kaufen. Unwillig sah er auf, und seine Antwort war eher geizig als fachlich: Er riet mir wortkarg, einen Karton vom Angebotsstapel zu nehmen, und fügte mit einer Armbewegung hinzu: »Bezahlen an der Kasse.«

Ich habe das Einkaufszentrum verlassen, stattdessen einen kleinen Laden aufgesucht und mich dort bei einem Gespräch und doppelten Espresso beraten lassen – und mich für eine Espresso-Maschine entschieden.

Der Kunde ist heute kritisch und selbstbewusst. Er ist anspruchsvoll und will mehr als die schöne Verpackung und den lockeren Spruch. Er will den wertschätzenden Dialog und das gute Gefühl, als Mensch gesehen und gehört zu werden.

> **Auf den Punkt gebracht bedeutet dieser Anspruch: Die Marke sind Sie. Wie Sie persönlich und stimmlich wirken, wie Sie Ihre Gespräche gestalten, den Kunden abholen und begleiten – das werden die Erfolgstreiber der Zukunft sein. Markenbildung geschieht heute auf Augenhöhe, und nicht durch Slogans, die von Agenturen kreiert werden.**

Sprechen fürs Image

Image erhält erst durch Gespräche eine Substanz. Das gilt für jedes Markenunternehmen, und im Besonderen für Dienstleister. Die nämlich werden gemessen an ihrem Auftreten, an der Art und Weise, wie sie sich präsentieren. Da verzeiht der Kunde keinen einzigen Patzer. Er hört hin, spürt nach, wertet Inhalt und Emotion, und erst wenn sich die Summe aus diesen Aspekten gut anfühlt, bleibt er dabei und empfiehlt bestenfalls weiter. Vertrauen wächst langsam.

Somit rückt das Verkaufsgespräch in den Fokus der Strategen. In der Hitliste aller Weiterbildungsmodule rangiert es auf Platz eins. Die Produktschulung steht im Vordergrund. Es ist gut, wenn ein Verkäufer die Leistungsargumente kennt, aber leider werden diese in Rhetorikübungen verpackt, die der Kunde schnell durchschaut und die ihn emotional nicht berühren. Dann leiern Vertriebler auswendig gelernte Sätze herunter, dann begrüßen Mitarbeiterinnen der Telefonakquise die Kunden mit Auftaktsätzen, die Aufmerksamkeit töten. Effektiver wäre es, sich die Forschungsergebnisse der Neurowissenschaft zunutze zu machen. Denn längst ist bekannt, dass vor jeder Entscheidung die richtigen Knöpfe im Gehirn gedrückt werden müssen, und zwar so lange, bis der Kunde auf seiner Ja-Straße am Ziel ist. Ein aufmerksamer Verkäufer findet die Signale, die am Ende in einen Abschluss münden. Er weiß um die drei elektrisierenden Schritte. Die bestehen aus:

1. der Freiwilligkeit,
2. dem langsamen Wachsen einer neuen Überzeugung und
3. dem Finden des stärksten Antriebs im Gesprächspartner.

> **Mit kleinen stimmlichen Färbungen können Sie den Gesprächsverlauf beeinflussen. Nutzen Sie diese Tatsache und schnüren Sie vor jedem Gespräch Ihr Gesamtpaket aus Leistung und Charakter, aus Sprachmuster und Stimme.**

Stolpersteine im Gespräch

Ein Gespräch braucht ein Ziel, sonst endet es im Small Talk. Ohne Ziel tuckern Sie wie ein stadtfremder Autofahrer ohne Navigationssystem an den Sehenswürdigkeiten vorbei, ohne sie zu erkennen. Sie finden keine Alternativen, um Staus zu umfahren. Sie ärgern sich über Ihre Orientierungslosigkeit. Es bedarf immer einer mentalen und planerischen Vorbereitung, um im richtigen Moment wach, präsent und handlungsfähig zu sein.

Wie anders verläuft die Fahrt, wenn Sie wissen, wo Sie hinwollen: Sie geben das Ziel vor und bestimmen die Route. Sie starten mit Vorfreude auf die Ankunft und nehmen bewusst wahr, was da draußen geschieht. Bauen sich Hindernisse auf, dann suchen Sie nach anderen Wegen, aber Sie verlieren Ihr Ziel nie aus den Augen. Mit dieser Vorstellung sollten Sie in Ihr Kundengespräch gehen: die Zielmarke im Kopf und das Steuer in der Hand. Das allein ist Ihre Chance auf einen Abschluss. Das allein öffnet die Filter im Gehirn für Strategie und Kreativität.

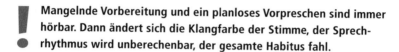

Mangelnde Vorbereitung und ein planloses Vorpreschen sind immer hörbar. Dann ändert sich die Klangfarbe der Stimme, der Sprechrhythmus wird unberechenbar, der gesamte Habitus fahl.

Das Problem: In der Summe schmälert sich die Qualität der Beziehung, weil Sie keine Führungssignale und keine Vorfreude auf den gemeinsamen Weg zum Abschluss ausstrahlen. Wenn Sie überzeugen wollen, vermeiden Sie zwei Verhaltensweisen wie der Teufel das Weihwasser:

1. **Routine:** Sie strahlt Langeweile aus. Die Sätze plätschern dahin, als wären Sie schon tausend Mal vorher gesagt. Höhen und Tiefen, die Lust auf die Einzigartigkeit eines jeden Gesprächs sind längst verloren. Der Gesprächspartner merkt: Dieser Mensch hört mir nicht zu, sieht mich nicht, meint mich nicht. Er erkennt nicht meine Bedürfnisse, nur das Kaufen als unpersönlicher Akt interessiert ihn. In wenigen Sekunden erstickt ein Gespräch mit dieser Leierkastenmusik aus Worten.

2. **Dauerberieselung:** Reden ohne Punkt und Komma bedeutet mit großer Wahrscheinlichkeit, dass der Verkäufer seinen Abschluss verquatscht. Er rasselt seine Litanei herunter, die er einst lernte. Er scheint nicht fähig, sich konkret auf den Kunden und die Situation einzustellen. Motivationspsychologisch ist Dauerberieselung ein Fehler. Statt dem Kunden Zeit zum Denken und zum Nicken zu geben, wird so lange auf ihn eingeredet, bis er hilflos die Schultern sacken lässt und sich davonschleicht. Er hatte

keine Chance zu reflektieren und schon gar nicht, sich selbst zu entscheiden.

 Ihre Stimme verrät, wenn Sie den Gesprächspartner nicht wirklich und persönlich wahrnehmen.

Ich frage mich in solchen Situationen, wann das Glühen für den Job erloschen ist. Denn letztendlich sollte ein Verkäufer niemals müde werden, seine rhetorischen und stimmlichen Werkzeuge fein zu schleifen. Er sollte aus jeder Begegnung das Beste machen, indem er sich als Meister seines Faches präsentiert, als Mensch mit der Begabung, Stimmungen aufzufangen. Ein guter Verkäufer nimmt den Kunden mit all seinen Einwänden, Bedenken und Anregungen ernst. Er macht Pausen. Die Balance zu finden zwischen Reden und Hören, mag das elementarste Merkmal eines guten Gesprächs sein.

Machen Sie Ihre innere Haltung während des Gesprächs durch die folgenden drei Werkzeuge erlebbar:

1. durch den hypnotischen Trichter,
2. durch intelligente zugespitzte Fragen und
3. durch ein Echo nach den Antworten.

Das Märchen von den offenen Fragen

Rhetoriktrainer zaubern gerne aus dem Bauchladen der Gesprächsförderer einen alten Hut. Den schütteln sie vor ihren Teilnehmern – und heraus purzeln die offenen Fragen. Dann erklären sie, dass die ein Allzweckwerkzeug seien, um einen Dialog in Schwung zu bringen und ein Stocken und Zögern zu verhindern. Ich will diesem Glaubenssatz den Glanz nehmen. Offene Fragen erzeugen manchmal nur ein Klimpern an der Oberfläche. Eine tiefgründige, ehrliche Antwort wird niemals erfolgen. Im schlimmsten Falle entwickelt sich ein Verhör.

Offene Fragen blockieren und lassen ausschließlich kognitive Antworten zu. Und die dienen der Entlastung. Mehr nicht. Die sind immer ohne einen Gehalt an Gefühl. Der Grund ist einleuchtend: Wenn Sie Ihren Gesprächspartner fragen: »Was essen Sie gerne?«, dann schwankt der kurz zwischen Pizza, Pasta und Schweinebraten, um dann zu antworten: »Schweinebraten.« Die Antwort ist kurz, einfach daher gesagt, ohne Begründung. Und doch hat er die Führung im Gespräch übernommen, denn jetzt sind wieder Sie dran. Wie ärgerlich. Sehen wir uns an, was genau passiert ist:

> **Versuchen Sie immer noch, das Gespräch mit offenen Fragen zu führen?**

Ähnlich wie eine Suchmaschine im Internet nach Stichworten wählt, so nutzt das Gehirn seinen Arbeitsspeicher. Geben Sie in Google den Begriff »Rhetorik« ein, so erhalten Sie in weniger als einer viertel Sekunde rund eine Million Ergebnisse. Die Liste ist zu lang und nicht überschaubar. Mit diesem Effekt hat auch Ihr Gehirn zu kämpfen, wenn es einfache Fragen nach dem Wie, Wo, Was, Warum hört. Es generiert eine Vielzahl an Daten und Fakten, die blinken auf und verlangen nach einer schnellen Auswahl. Handlungsdruck entsteht. Für Reflexion bleibt keine Zeit. Das bedeutet Stress, denn der andere wartet. Was also macht das Gehirn? Es spuckt die erstbeste Antwort aus. Bei Google ist das der Sponsorlink – und im Gehirn der Entlastungslink. Dann ist der Druck zwar weg, aber der Beziehungsmoment gestört. »Schweinebraten.« Sie haben sich mehr erwartet und sind irritiert. Im weiteren Verlauf wird sich die Klangfarbe Ihrer Stimme verändern.

Dank des Mathematikers Joseph Fourier können wir diese Stimme sehen, zum Beispiel anhand von Software wie Voce Vista. Solche Programme übersetzen Klangfarben in sichtbare Muster, die beim Sprechen entstehen. Sie zeichnen nicht nur Tonhöhen und Lautstärke auf den Bildschirm, sondern machen die Klangqualität sichtbar. In dieser Weise entsteht ein deutliches Bild von den Amplituden, der Lautstärke der einzelnen Obertöne. Je präsenter der Teilton, desto höher steigt die Kurve.

Diese Klangbilder geben einen Eindruck von:

- der Klarheit der Stimme,
- der Präzision der Laute,
- der raumfüllenden Resonanz,
- den Dominanzfaktoren und
- dem Willen, zu führen.

Abbildung 3: Klangbild: Die Facetten der Stimme werden bildlich übertragen.

Ich nutze solche Bildgebungsverfahren in Seminaren, um zu demonstrieren, wie bereits minimale Veränderungen der Körperhaltung die Klangfarbe der Stimme beeinflussen. Nur eine kleine Veränderung ist nötig, um die Stimme überzeugend klingen zu lassen. In der Vorher-Nachher-Gegenüberstellung wird sichtbar, welche Bewegung der Stimme mehr Überzeugungskraft verleiht und welche rhetorischen Wendungen zum Zuhören einladen.

Übrigens: Eingeübte Standardfragen verändern die Stimme ungünstig. Deshalb lautet mein Rat: Vermeiden Sie jeglichen Druck, körperlich und rhetorisch, und nutzen Sie während Ihres Verkaufsgesprächs fantasievoll Ihr Potenzial aus Grund- und Obertönen.

 Ziel eines Verkaufsgesprächs bleibt das Commitment, mit dem sich beide Partner wohlfühlen. Mein Appell: Stellen Sie Fragen, aber bitte auf die intelligente Art.

Die drei Frage-Turbos

Setzen Sie hypnotische Trichter, bevor Sie fragen. Im vorigen Akt habe ich dieses rhetorische Muster beschrieben. Dort wirkt es bei der Rede, und auch im Gespräch wecken Sie bei Ihrem Geschäftspartner augenblickliches Interesse für Ihr Thema. Sie glühen die empfindliche Partie in seinem Gehirn vor, Sie holen ihn emotional ab, indem Sie ein Kopfkino ablaufen lassen.

Bevor Sie fragen, kreieren Sie eine Szene. Sagen Sie zum Beispiel:

Angenommen, ich breite vor Ihnen drei Faksimiles wertvoller Bücher aus. Sie sind auf handgeschöpftem Papier gedruckt, am Rand mit Malereien verziert, der Umschlag besteht aus Leder mit Silberbeschlag. Vom Original sind sie kaum unterscheidbar. – Was genau ist Ihnen bei einem guten Nachdruck wichtig?

Sie zeichnen eine Szene, um Ihren Gesprächspartner emotional einzufangen. Der Trichter umgeht den kognitiven Filter und wird weiter geschleust mitten ins limbische System. Dort breitet er sich aus – und verweilt. Bilder im Kopf entstehen, vielleicht gar ein Verlangen.

Jetzt ist die Zeit reif für eine intelligente Frage. Ihr Partner spürt, dass Sie ein ernsthaftes Interesse an seiner Antwort haben, weil Sie bereit sind, nun zu warten. Halten Sie diese Atmosphäre lebendig – ohne zu drängen. Sie wollen keinen Gehirngoogle-Effekt, sondern die beste Antwort, getragen von Gefühl und innerer Beteiligung.

Ich weiß, dass Sie befürchten, in den Pausen die Aufmerksamkeit des Gesprächspartners zu verlieren. Vielleicht könnten seine Gedanken sich in eine ungewollte Richtung entwickeln? Das wird nicht geschehen, denn dafür gibt es rhetorische Tools. Mein Tipp lautet:

Nutzen Sie die drei Frage-Turbos, um die Antwort-Qualität und die Kaufabsicht zu steigern.

Turbo 1: Stellen Sie nicht nur die nackte W-Frage, sondern konkretisieren Sie. Spitzen Sie Ihre Frage zu – zum Beispiel so:

Vielleicht haben Sie auch die Fernsehdokumentation über die Meister der mittelalterlichen Buchkunst gesehen? Die hatten ja große kalligrafische Werkstätten und monatelang an einem Stück gearbeitet. – Was war Ihnen als Allererstes aufgefallen, als Sie das Cover ansahen?

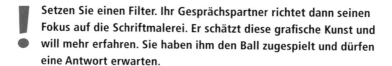

Setzen Sie einen Filter. Ihr Gesprächspartner richtet dann seinen Fokus auf die Schriftmalerei. Er schätzt diese grafische Kunst und will mehr erfahren. Sie haben ihm den Ball zugespielt und dürfen eine Antwort erwarten.

Turbo 2: Legen Sie nach durch eine weitere intelligente Frage, durch den Erlaubnisgeber. Damit ermuntern Sie Ihren Gesprächspartner zu einer spontanen Antwort. Kreisen Sie das Thema ein und bieten Sie Ihrem Kunden eine Wahlmöglichkeit. Die vorige Antwort war bereits gefühlsgetragen, aber noch nicht wirklich tief emotional. Fragen Sie jetzt:

Wenn Sie diese gemalten Initialen in den beiden Nibelungenlied-Faksimiles vergleichen – welche der beiden, schätzen Sie, ist – ganz spontan gesagt – aus mehr Farben gedruckt?

Nutzen Sie den Erlaubnisgeber. Mit ihm setzen Sie einen starken Filter, der zu einer ehrlichen Antwort führt.

Egal, was der Kunde antwortet, er weiß, er wird sein Gesicht nicht verlieren. Denn er ist noch nicht als Experte gefragt, sondern soll aus dem Bauch heraus antworten. Locken Sie den Kunden weiter, zielen Sie mit Ihrer letzten Frage auf seine Gedankenwelt aus Gefühl, Eitelkeit und Selbstwert ab.

Turbo 3: Machen Sie jetzt Ihren Gesprächspartner zum Experten. Fragen Sie ihn: *Welches Buch gefällt Ihnen als Kenner der Szene ganz besonders?* Und setzen Sie dann den hypnotischen Trichter derart eng, dass er nur die Antwort geben kann, auf die Sie vom ersten Moment an abzielten:

> *Wenn Sie sich als Kenner der religiösen Buchmalerei in den Kopf eines mittelalterlichen Meisters hineinversetzen … er arbeitet für Fürsten, für Klöster, vielleicht sogar für den Papst – welches Buch, vermuten Sie, ist für so einen Mann wohl die allergrößte Herausforderung?*

Entwickeln Sie den Kunden zum Experten. Die Folge: Sie haben die Freude des Kunden an den Drucken und Einbänden geweckt. Spätestens jetzt wird er nach jenem Exemplar fragen, das Sie für ihn vorgesehen haben.

Sie haben mit diesen drei Turbos eine Strategie des Verkaufsgesprächs gewählt, die tief eingreift in den Automatismus aus Gedanken und Sprache. Das ist eine hohe Kunst der Rhetorik. Sie haben Ihre Zielmarke gesetzt, Umwege zugelassen, aber das Ziel nicht aus den Augen verloren. Ihr Gesprächspartner war nah bei Ihnen, seine Antworten waren impulsiv und kamen ihm leicht über die Lippen, weil Ihr Kunde weder Druck noch Distanz spürte. Das hören Sie stimmlich. Die Tonlage des Kunden klingt eine Spur tiefer als üblich – verursacht durch seine innere Beteiligung. Aber Achtung: So gut die Antwort auch war, sie ist an Tiefe und Dichte noch nicht ausgereizt.

Legen Sie nach. Greifen Sie zu einem Werkzeug, das in der Rhetorik immer wieder unterschätzt wird: das Echo.

Ein Ton für die Pause

Worte zu finden für Alltäglichkeiten und Einzigartigkeit, das ist vielleicht die wunderbarste Gabe, die ein Mensch haben und pflegen kann. Worte können Gedankenwelten öffnen oder Grenzen ziehen. Sie können transparent oder gehaltvoll sein oder mitten ins Herz treffen. Sie vermitteln Wissen und Werte. Wer sich ihrer bedient, der gibt immer ein Stück von sich preis. Der Mensch ist Sprache.

Ein guter Verkäufer weiß, dass seine Stimme die Sprache trägt. Sie leitet ihn vom Erstkontakt bis zum Vertragsabschluss. Er richtet sein Augenmerk auf die Beziehungsarbeit, auf das Bauen der tragfähigen Stufen, genau so, wie im zweiten Akt dargestellt. Ein guter Verkäufer nutzt seine Stimme wie ein Instrument mit vielen Saiten, und manchmal klingt eine von ihnen sehr leise im Hintergrund, weil sie sich zurücknimmt und lediglich eine Pause untermalt.

> **Wissen Sie, wie Sie ohne Worte im Gespräch bleiben?**

Ein Gespräch lebt vom Reden und Zuhören. Dieser Takt ist im Prinzip angenehm. Er lässt Raum zum Innehalten und Nachdenken. Nur: Vor allem am Telefon kann eine akustische Stille zu einem dramatischen Beziehungsabbruch führen. Sicherlich kennen Sie die Situation: Sie reden und Sie denken, der andere hört zu. Aber irgendwann vermissen Sie die Stimme am anderen Ende der Leitung. Sie fragen sich, woher das Schweigen rührt: Ist das Thema langweilig? Steht die Leitung noch oder hat Ihr Gesprächspartner gar aufgelegt? Sie können nur raten, denn der Blick in die Augen fehlt zur Klärung. Aus den subtilen Vermutungen erwächst Ihr Ärger. Dabei denkt der andere vielleicht nur nach. Dann fragen Sie nach, rufen seinen Namen in den Hörer, und er meldet sich. Aber dennoch hatten Sie sich zwischenzeitlich verloren, hatten ihn nicht beim Nachdenken begleitet.

Machen Sie sich bemerkbar durch Ihr Echo, durch genau drei Buchstaben, die Sie gebetsmühlenartig wiederholen. Sagen Sie: »Mmh, mmh.« Geben Sie der Pause Ihre Stimme. Wir haben auf den ersten Seiten dieses Summen als Eigenton geübt. Hier erscheint es wieder, dieses Mal als Beziehungssignal. Mit diesem Ton bleiben Sie im Gespräch, ohne den Inhalt voranzutreiben.

> **!** **Zeigen Sie Nähe während der Gedankenphasen. Geben Sie Ihrem Gesprächspartner ein Zeichen durch ein kleines einfaches** **»Mmh, mmh«. Animieren Sie ihn, beim Thema zu bleiben.**

Ich versichere Ihnen: Ihr Zuhören mit einer stimmlichen Einlage ist ein wahrlicher Erfolgstreiber im Dialog. Er findet sich in jeder Kultur weltweit und entfaltet seine Wirkung.

Kehren wir zu den Fehlern mancher Rhetoriker zurück. Neben den offenen Fragen gibt es einen weiteren Irrtum, und der wird sogar in Kursen für Fortgeschrittene gelehrt. Dann sitzen sich die Teilnehmer in einem Rollenspiel gegenüber. Einer erzählt. Der andere hört zu. Der Trainer fordert von Ihnen: »Hören Sie aktiv zu. Wenn Sie glauben, Ihr Gesprächspartner will oder kann Ihnen nicht folgen, fragen Sie nach. Sofort. Und zwar mit den Worten: ›Habe ich Sie richtig verstanden, dass …?‹.«

| **Nutzen Sie Echos und Pausen, um Gesprächspartner zu überzeugen?** |

Stopp. Tun Sie das bitte nicht. Zum einen durchschaut jeder diesen abgedroschenen Rat und zum anderen bewegen Sie sich rückwärts im Dialog. Sie unterbrechen die Gedankenstrecke Ihres Gesprächspartners und zwingen ihn an eine Stelle, die er längst verlassen hatte. Wie ärgerlich. Er wird mit Ja oder Nein antworten. Einen Einblick in seine Gedanken haben Sie dadurch nicht erhalten. Im Gegenteil. Sie trampeln auf der Stelle.

Diese Art des aktiven Zuhörens sollten Sie aus Ihrem Programm streichen. Ersetzen Sie es durch ein leichtes Modul, das weder Plattitüde noch Vorwand ist, sondern als Schleife die Pausen umhüllt und dann den Weg zur Zielmarke wieder freigibt. Das Werkzeug der Wahl nennt sich Paraphrase und ist in einem übertragenen Sinne ein *Echo*.

Sprachwissenschaftlich wird die Paraphrase eingesetzt, um Begriffe zu erklären, um andere Worte zu finden, ohne den Sinn zu verdrehen. Die Paraphrase nimmt Fragmente eines Satzes auf, nuanciert den Inhalt durch ähnliche Worte. Sie ist verspielt und macht Lust, einen Moment zu verweilen und dann weiter zu gehen.

Im Alltag antworten wir kaum in ganzen Sätzen. Oft drängt die Zeit oder wir sind mit den Menschen, mit denen wir kommunizieren, derart bekannt, dass sich ein Code entwickelt hat, den beide kennen. Da reichen ein, zwei Worte und es herrscht Einverständnis. Die Paraphrase in einem Verkaufsgespräch simuliert diese Vertrautheit, dieses Verständnis füreinander. In unserem telefonischen Faksimile-Verkaufsgespräch könnte die Situation sich folgendermaßen anhören:

> KUNDE: *»Ich finde es sehr schön, solche wertvollen Bücher als Blickfang vor dem Regal zu dekorieren.«*
>
> VERKÄUFER WERTSCHÄTZEND: *»... mmh, dem Regal? ... mmh!«*
>
> KUNDE: *»Ja! Dann könnte ich die Seiten je nach Stimmung aufblättern, je nach Farbe und Motiv.«*
>
> VERKÄUFER: *»... mmh, die richtige Farbe zur Stimmung! ... mmh!«*
>
> KUNDE: *»Ja, ich habe viele Besucher, die kennen meine Leidenschaft und sind immer neugierig auf meine neuen Schätze!«*

Echos erlauben Ihrem Gesprächspartner, sich Zeit zum Denken zu nehmen und dabei seine Sehnsüchte zu formulieren. Sie öffnen die Türe weit zu dem Schatzkästchen der Wünsche, das sich in den gedanklichen Tiefen des Gegenübers verbirgt. Und: Sie treiben das Pingpongspiel im Dialog voran. Es besteht aus »Führung übernehmen« und »Führung abgeben«. Es besteht aus Reden und Pausen in einem individuellen Rhythmus.

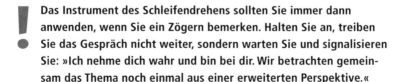 Das Instrument des Schleifendrehens sollten Sie immer dann anwenden, wenn Sie ein Zögern bemerken. Halten Sie an, treiben Sie das Gespräch nicht weiter, sondern warten Sie und signalisieren Sie: »Ich nehme dich wahr und bin bei dir. Wir betrachten gemeinsam das Thema noch einmal aus einer erweiterten Perspektive.«

Aber Achtung! Nichts ist in Stein gegossen, und auch die Rhetorik kennt Ausnahmen. Wenn Sie einen Termin bei Ihrem Chef erhalten, wenn Ihnen ein Thema unter den Nägeln brennt und die Assistentin Ihnen zuflüstert: »Er hat nur eine viertel Stunde für Sie«, dann rennen Sie gleich los und reden mit Struktur. Aber verschenken Sie keine Zeit mit Schweigen. Atmen Sie tief durch, um dann mit einem Sprechsprint zu punkten. Üben Sie das in einem Ihrer nächsten Gespräche ein.

ÜBUNG: So gehen Sie Ihr nächstes wichtiges Gespräch an

◎ Starten Sie nicht mit Fakten.

◎ Nehmen Sie zuerst die Beziehung auf, indem Sie einen Wunsch formen – zeigen Sie, dass Sie ahnen, was der andere will.

◎ Achten Sie auf Pausen, auch auf der Gegenseite.

◎ Bleiben Sie stets wertschätzend und wahren Sie das Gesicht des anderen.

◎ Gliedern Sie Ihre Kernfragen, sodass die Antworten Sie Ihrem Ziel näher bringen.

◎ Stellen Sie am Schluss die Entscheidungsfrage.

◎ Wiederholen Sie mit dem Handschlag zum Abschied das Versprechen: »Danke, dass Sie sich Zeit genommen haben. Ich freue mich sehr über Ihr Vertrauen. Ich werde alles dafür tun, dass dieses Projekt erfolgreich wird.«

Kunst am Telefon –
Experteninterview mit Maria Kocher-Knaust

Die Stimme ist Ihre hörbare Persönlichkeit. Die Stimme vermittelt Kompetenz und Professionalität oder auch das Gegenteil davon. Schon kleine stimmliche Signale können einem Dialog Tiefe und Bedeutung geben. Das gilt für ein Gespräch mit Blickkontakt ebenso wie für das Telefonat.

Die Telefonmarketingexpertin **Maria Kocher-Knaust** war mehr als ein Jahrzehnt für das Telefonmarketing eines globalen Medienkonzerns verantwortlich. Sie hat mit ihren Teams eine neue, dialogorientierte Gesprächsform entwickelt:

Für einen weltweit marktführenden Verlag etablierte sie eine Methode, die sich von gängigen grundlegend unterscheidet. Im Fokus steht der Kunde. Er zählt zu einem exklusiven, internationalen Kreis von Sammlern und ausgewiesenen Kennern der Kunst.

Die Vorgabe ist eindeutig: Es darf auf keinen Fall passieren, dass diese potenziell interessierten Kunden am Telefon irritiert oder verärgert werden. Vielmehr sollen die enormen Möglichkeiten und Potenziale, die das Instrument Telefonmarketing bietet, ausgeschöpft werden.

■ *Frau Kocher-Knaust, wen sprechen Sie für Ihre Produkte an?*

Es werden potenzielle Kunden angesprochen, die einen Sinn für exklusive Kunstschätze und eine besondere Affinität zu exklusiven Büchern haben. Jedes Gespräch ist eine Herausforderung an Rhetorik und Ästhetik. Erst wenn Stimme und Sprachmuster diese Aspekte spiegeln, vermittelt das Unternehmen glaubwürdig, wie hochwertig und exklusiv seine Produkte sind. Handelt es sich doch bei den Objekten, über die am Telefon verhandelt wird, um Kunstwerke in limitierten Auflagen und in Preiskategorien von 1000 bis 30 000 Euro.

■ *Was sind die wichtigsten Aspekte im Gespräch?*

Informieren. Beraten. Inspirieren. Das Ziel war, Mitarbeiter auszubilden, die mit diesen Kunden über Sammlerleidenschaft und über Kaufabsichten einen fundierten Telefondialog führen. Die Unterredung wird den Partner sowohl über alle Details umfassend informieren als auch neue Aspekte aufzeigen. Das Gespräch wird den Kunden überraschen, berühren und inspirieren: Das Telefonat ist ein Get-together. Es bleibt immer der nachhaltige Eindruck einer wichtigen Begegnung. Der Kunde spricht am Telefon über seine Passion, die sein Leben bereichert. Diese Gesprächspartner dürfen zu Recht bestens ausgebildete Telefonberater und eine Gesprächsführung mit einem Höchstmaß an Aufmerksamkeit, Wertschätzung und der Fähigkeit zuzuhören erwarten.

■ *Welche Ausbildung müssen Mitarbeiter und Mitarbeiterinnen für solche Telefongespräche mitbringen?*

Fachwissen ist eine Basiskompetenz, ohne die gar nichts geht. Dass die Mitarbeiter über die Produkte in allen Details Bescheid wissen und alle Fragen sofort und kompetent beantworten können, das ist selbstverständlich. Die Mitarbeiter sind trainiert in Gesprächsführung, wissen Bescheid über die Wirkung von Sprache und Kommunikation. Sie können Kommunikationsmodelle anwenden und Gesprächsinhalte professionell managen. Eine umfassende Allgemeinbildung ist Voraussetzung, und idealerweise können sie ein Studium der Germanistik, Geschichte und Kunstgeschichte oder eine Buchhändlerausbildung vorweisen. Damit sind sie in der Lage, mit ihren Kunden auf Augenhöhe zu kommunizieren.

■ *An welchen Kriterien erkennen Sie eine erfolgreiche Telefonkommunikation?*

Von der Kommunikationstrainerin Elisabeth Starzer stammt sinngemäß die Definition, dass erfolgreiche Telefonkommunikation dann stattfindet, wenn sich der Gesprächspartner nach dem Gespräch besser fühlt als vorher. Diese Prämisse ist die Zielvorgabe.

■ *Welchen Wert messen Sie dem Sachverstand bei und welchen der Stimme und Sprache?*

Ein Telefondialog, bei dem die Mitarbeiter ganz Ohr sind, bei dem sich der Gesprächspartner hundertprozentig verstanden fühlt, funktioniert nicht mit Routine. Gesprächsleitfäden zwingen das Gespräch in ein Korsett, geben den Gesprächsverlauf vor und manipulieren Inhalte, Stimme und Sprache. Die Inhalte werden als nicht authentisch wahrgenommen. Die Bedeutung von Sprache und insbesondere die Wirkung der Telefonstimme sind nicht hoch genug einzuschätzen. Im Unterschied zum direkten Kontakt sind am Telefon Sprache und Stimme die einzigen Kommunikationsanteile, die der Gesprächspartner wahrnehmen kann.

■ *Wie hören Sie das Zögern und Zweifeln am Telefon heraus und wie begegnen Sie diesen Momenten?*

Zögern und Zweifeln bedeuten, dass der Gesprächspartner mehr Argumente, Informationen, Nutzen hören möchte. Sie sind ein Hinweis herauszufinden, was der Gesprächspartner wirklich will. Aufmerksames Zuhören und achtsam gestellte Fragen sind immer dazu geeignet, den Dialog zu vertiefen und eine (Kauf-)Entscheidung herbeizuführen.

■ *Wie erreichen Sie am Telefon ein Commitment? Wie endet ein gutes Gespräch?*

Ein Telefongespräch, das eine gute und nachhaltige Kundenbeziehung zum Ziel hat, endet immer gut. Es ist in jedem Fall ein inspirierendes Gespräch, unabhängig davon, ob ein Commitment erreicht wurde oder nicht. Das nächste Gespräch findet schon bald wieder statt, weil es hundertprozentig willkommen ist. Wenn Mitarbeiter und Unternehmen erkannt haben, dass Kundenbeziehungen aufgebaut und gepflegt werden müssen, wenn sie bereit sind, in professionelles Telefonmarketing zu investieren, ist es ein erfolgreiches Marketinginstrument mit einer Win-win-Strategie für alle.

4. Akt: Einwände – Wie Sie Konfliktsituationen souverän meistern, ohne dass Ihre Stimme kippt

Die Stimme kann Beziehungen hoch hinaustragen in Sphären, die von Wertschätzung, Vertrauen und gar Liebe erzählen. Sie kann Menschen mitnehmen auf eine Reise aus Gedanken und Gefühlen, kann das gesprochene Wort zu Balladen und Texten, zu Literatur erheben. Sie färbt die Sprache. Das Theater lebt von der Kraft der Stimme, und mit der Musik streichelt die Stimme die Fantasie. Brechen wir die Bedeutung herunter auf Alltäglichkeiten, dann stellen wir fest: Was immer wir kommunizieren, wo immer wir Gedanken in hörbare Sprache wandeln – die Stimme weckt Emotionen. Sie ist ein Spiegel der Seele und immer ein Indikator für Befindlichkeiten. Oder für Ärger, besonders in Konflikten, zum Beispiel im Kundenservice.

> **Stimme weckt Emotionen und ist ein Spiegel der Seele – auch in Konfliktsituationen.**

Sie kennen solche Szenen und waren gewiss schon einmal der Protagonist: Sie warten seit zwei Wochen auf das Freischalten Ihrer Telefonleitung. Trotz schriftlicher Zusage Ihres Anbieters passiert: nichts. Der Termin verstreicht völlig klanglos und das macht Sie hilflos. Denn Sie sind auf Internet, E-Mail, auf Ihr Telefon angewiesen. Sie greifen zu Ihrem Handy und wählen die Nummer auf der Auftragsbestätigung – und was passiert jetzt? Sie stecken über 30 Minuten in der Warteschleife fest. Die Uhr tickt laut, Ihr Körper verspannt, Ihre Gedanken türmen sich zu Wutbergen auf. Endlich hören Sie am anderen Ende der Leitung eine Stimme. Nicht vom Band gespielt, sondern persönlich gesprochen. Wie Lava aus einem Vulkan schleudern Sie der Person Ihren Ärger entgegen. »Ich warte seit zwei Wochen auf den Internetanschluss. Verschlafen Sie eigentlich Ihre Termine oder was machen Sie den ganzen Tag?« Die Mitarbeitern der Telefongesellschaft antwortet patzig: »Sie sind nicht unser einziger Kunde, aber ich stelle Sie in die Beschwerdeabteilung durch.« Und damit drückt sie ohne Abschiedsgruß auf eine Taste, die Sie mitsamt Ihrem Ärger für eine lange Zeit mit Musik berieselt, die so gar nicht zu Ihrer Stimmung passt. Was bleibt Ihnen anderes übrig, als zu warten?

Zunächst scheint es, als würde das Telefonunternehmen am längeren Hebel sitzen. Aber diese Macht ist eben nur eine scheinbare. Der Kunde wird reden – Sie werden reden. Im Familien-, Bekannten-, Freundeskreis werden Sie diese Episode immer wieder erzählen, und damit erfüllt sich die alte Formel: Gute Nachrichten werden ein Mal, schlechte zehn Mal weitererzählt.

Auf meinen Reisen zu den Seminarorten in Europa beobachte ich besonders in der Gastronomie eine Haltung, die jegliche Beschwerden der Kunden abprallen lässt. Jeder Hinweis, ob freundlich oder verärgert, wird mit einer Rechtfertigung kommentiert, die nur eines besagt: Kritik ist nicht erwünscht. Stellt ein Gast zum Beispiel fest, dass der Salat welk aussehe, und egal, wie elendig die Blätter über dem Tellerrand hängen, lautet die schnippische Antwort des Kellners: »Ich leite das gern weiter. Den haben wir aber sicher frisch zubereitet.« Solche Sätze kehren die Schuld um, zeigen wenig Einsicht und kaum Interesse am Kunden. Kluges Reagieren auf Kritik, Vorwürfe, Einwände und Beschwerden zählt zu den Kernkompetenzen im Verkauf und für den Kundenkontakt.

> **Wer es versteht, mit dem Kunden als Beschwerdeführer umzugehen, ist auch für die Einwandbehandlung bestens gewappnet.**

Oft genug knallt uns die dunkle Macht der Stimme entgegen, und die klingt nach Missgunst, Angriffslust oder gar Zorn. Dann durchschneidet der Schall die Luft. Dann treffen Worte wie Waffen und lösen einen Impuls zur Gegenwehr aus.

Das passiert nicht nur in Ehekriegen. Auch im Business gibt es solch ein Gebaren – es markiert oft den Beginn vom Ende einer Kundenbeziehung. Beliebte Ausgangsorte dieses Scheidungskriegs sind der Kundenservice und das Beschwerdemanagement. Das rhetorische Repertoire reicht vom Vorwurf über die Beschuldigung bis zur Drohung. Für mich zählt die Kommunikation mit aufgebrachten Kunden zu den herausforderndsten Aufgaben. Denn: Wer glaubt, im Recht zu sein, für den ist dieser Glaube stärker als das Vertrauen in die Diplomatie. Im Geschäftsleben zählen deshalb Berufe, bei denen die Bearbeitung von Beschwerden im Mittelpunkt stehen, zum Kommunikations-Spitzensport. Empirische Studien belegen, dass mit diesen Aufgaben betraute Mitarbeiter besonders gefährdet sind, an Physis und Psyche Schaden zu nehmen.

Druck braucht ein Ventil

Eine Stimme im Angriffsmodus hinterlässt Spuren. Sie kratzt an der Beziehungsebene. Manchmal zerstört sie in einer einzigen Sekunde das ganze Gerüst aus Vertrauen und Zuwendung. Haben Sie sich schon einmal gefragt, wo Sie Ihren Konfliktpartner beim Telefonieren vor Ihrem geistigen Auge sehen? Überraschenderweise gilt auch für das Telefon: Ein Angriff erfolgt immer frontal – wir sehen den Konfliktpartner also direkt vor uns sitzen.

Egal, wie Sie sich drehen und wenden, Sie können ihn erst einmal nicht abwehren. Er dröhnt Ihnen vor die Stirn und provoziert in Ihnen eine ganze Reihe delikater Reaktionen. Das geschieht unausweichlich, ob Sie wollen oder nicht. Ihr Körper handelt nach altem Bauplan – wenn Sie es bemerken, ist es schon geschehen. Das müssen Sie aushalten und sich dann mit einer Erste-Hilfe-Maßnahme versorgen. Mag dies zunächst wenig tröstlich sein, so darf ich Ihnen versichern, dass es im Weiteren effektive Methoden gibt, um diese erste Wirkwelle von Einwänden und Drohungen zu entkräften.

Um reagieren zu können, brauchen Sie Signale. Scheinbar ist das erste Indiz für Gefahr im Dialog die Stimme, die auf Sie einstürmt. Die ist laut oder schneidend, schrill oder anklagend. Das tut manchmal weh im Ohr. Das erzeugt Abwehr. »Schrei nicht so!«, mag einer denken oder: »Schon wieder ein Vorwurf!« Und schon ist die falsche Fährte eingeschlagen, denn man will stets, dass sich der andere ändert, nie man selbst. Besser ist es, Sie erforschen sehr mittelbar Ihre eigenen körperlichen Reaktionen. Spüren Sie, wie Ihnen das Blut in den Kopf schießt? Ihr altes Überlebensgehirn hat schon für Sie reagiert. Die Stimme kommt von vorn und klingt bedrohlich – Supergau! Während Sie noch verstehen wollen, was der Gesprächspartner sagt, sind in Ihnen bereits die Weichen auf Gegenangriff gestellt.

 Ich empfehle Ihnen deshalb: Richten Sie Ihre Aufmerksamkeit auf Ihre eigenen Empfindungen.

In Streitgesprächen die Selbstführung zu übernehmen, das bleibt eine der schwierigsten Aufgaben. Das gilt für den beruflichen Bereich und ebenso für den privaten. Wie oft reagieren wir unreflektiert und bereuen später die Worte, die wir im Zorn gesagt haben? Wie oft riskieren wir gar aus Rechthaberei den Gesichtsverlust des anderen? Ich glaube, es gibt kaum einen sensibleren Bereich als ein Reden in dieser Gefahrenzone und kaum weniger Chancen, hier Zerbrochenes wieder zu kitten. Umso wichtiger ist es, eine Eskalation zu vermeiden und vor allem sich selbst zu schützen.

Ich befasse mich seit langer Zeit mit der Idee des Embodiment, die besagt, dass der Geist dem Körper folgt und nicht umgekehrt. Die These vertreten vor allem Wissenschaftler der Sozialpsychologie, und ich als Stimmexperte bestätige dieses Wechselspiel. Ich bin sicher: Menschen spüren ihre Gefühle erst über die Bewegungsmuster. Und die entstehen nicht im Kopf, sondern einzig durch die drei Sensoren aus Druck, Dehnung und Kraft. Der Körper gibt den Takt vor. Wohin er sich ausrichtet, dorthin folgen die Gedanken. Und wer diesen Rhythmus vernachlässigt, der gelangt unwillkürlich in die Defensive. Darauf sollten Sie in Streitgesprächen Ihren Fokus richten, diesem Impuls sollten Sie zuerst nachgeben. Entlasten Sie sich, indem Sie sich bewegen und die gestaute Energie entweichen lassen. Denn: Diese Energie nährt Sie nicht, sie schadet Ihnen. Und im Ergebnis passiert eines: Ihre Stimme kippt, weil Sie übersäuern und verspannen.

 Ändern Sie Ihre Körperhaltung, finden Sie Ihren Standpunkt, auch im Beschwerdemanagement am Telefon.

Eskalation schadet Ihrer Gesundheit und Ihrer Karriere. Bleiben Sie souverän. Viele Studien zeigen, dass ein Burn-out nicht durch Aufgabenfülle im Job entsteht, sondern ausnahmslos durch eine emotionale Überlastung. Mitarbeiter im Beschwerdemanagement gehen täglich an ihre Grenze und manchmal gar darüber hinaus und bleiben – gut geführt – dennoch gesund.

Wenn reden krank macht

Als Trainer mit Spitzensportlern und Topverkäufern zu arbeiten, das ist Herausforderung und besondere Befriedigung zugleich. Weil der Trainer an jenen kleinen Stellschrauben dreht, die augenblicklich das Ergebnis um ein Vielfaches steigern. Es ist, als würde ein Hebel bewegt.

Ich erinnere mich gut an das Training bei der Porsche Holding Salzburg. Als größtes Automobilhandelshaus in Europa beschäftigt es mehr als 30 000 Mitarbeiter, unter ihnen diejenigen, die sich in der Gewährleistungsabteilung jeden Tag um Kundenpflege, Service und Garantiefragen kümmern. Diese Männer und Frauen fungieren als Anlaufstelle für alle offenen Fragen, die vor Ort, in Handelshäusern oder Vertragswerkstätten nicht mehr zufriedenstellend geregelt werden konnten. Wenn nichts mehr geht, dann wissen sie, was zu tun ist. Sie agieren hochprofessionell im kommunikativen Bereich und haben zudem eine werkstättische Ausbildung genossen. Sie wissen, was sie tun. Ihnen muss niemand erklären, wie Gewährleistung funktioniert.

Als mich Porsche Austria beauftragte, ging es nicht um das Vermitteln stimmlicher Kompetenz, um einen schönen Stimmklang oder gute Aussprache, es ging nicht um eine Optimierung der Verkaufsstrategie, sondern um das pure Überleben der einzelnen Mitarbeiter in einem anstrengenden Job. Denn im Beschwerdemanagement wird die Haut täglich dünner. Meine Aufgabe sah ich darin, ihnen Werkzeuge zu zeigen, die jenseits von Fachkompetenzen wirken und mit denen sie in zwischenmenschlichen Ausnahmesituationen bestehen können.

Wie werden Beschwerdegespräche bei Ihnen im Unternehmen behandelt?

So sah ich mir die Abläufe der Arbeitstage an und resümierte: Wer hier anruft, der hat Ärger mit seinem Fahrzeug und im Zweifel eine Odyssee hinter sich, um an sein vermeintliches Recht zu kommen. Der sieht in der Beschwerdestelle den letzten Anker zur Rettung. Der ist wütend. Auf den Händler, der ihm nicht weiterhelfen konnte. Auf die Marke, der er vertraute. Auf den Mitarbeiter, der in seinen Augen die personifizierte Ursache seiner Probleme ist. Vielleicht hat dieser Kunde zuvor Briefe geschrieben, Vorgänge geschildert oder gar juristischen Rat eingeholt. Vielleicht hat er versucht, an höchster Stelle, auf Vorstandsebene, Gehör zu finden, und ist verwiesen worden auf dieses eine Telefongespräch mit der Gewährleistungsabteilung.

Um sich diesmal wirklich durchzusetzen, hat sich der Kunde schon in Rage geredet, bevor der Mitarbeiter den Hörer abnimmt. Er hat sich körperlich und gedanklich in eine Aggressionsstellung gebracht. Ärger, Wut und Enttäuschung sind präsent. Sein Druck braucht ein Ventil. Das ist Physik und in der Kommunikation ein Gefahrenmoment, in dem nach wenigen Sätzen die Luft brennt. Was halten Sie von folgender Szene?

KUNDE: »*Meier, guten Tag, entweder Sie helfen mir jetzt oder ich gebe das Auto zurück. Wissen Sie was? Ich bin stinksauer auf den ganzen Laden. Und fragen Sie mich jetzt nicht, warum, das habe ich x Stellen vorher schon erzählt. Ich bin es ganz einfach leid, mich zu wiederholen. Nur so viel: Draußen sind 35 Grad und ich will mit meiner Familie in der nächsten Woche in Urlaub fahren. Zehn Stunden Fahrt. In diesem Auto, das einer Brutkiste ähnelt. Die Klimaanlage ist seit dem ersten Tag kaputt, und niemand ist auch nur im Ansatz fähig, sie zu reparieren. Da kaufe ich ein Auto in Höhe meines Jahresgehaltes, um komfortabel in Urlaub zu fahren, und jeder Kilometer wird zur Qual. Es reicht. Sie lassen sofort den Wagen abholen und stellen mir einen neuen vor die Türe. Oder ich jage Ihnen einen Anwalt an den Hals. Meine Geduld ist am Ende.«*

Wir könnten die Triade aus Anruf, Vorwurf, Bedingung fortführen. Sie würde beleidigend und zerstörisch ausfallen, sie würde eskalieren und mit Drohungen enden – wenn der Mitarbeiter auch nur einen kleinen Fehler machen würde. Einwände wachsen schnell zu Drohungen.

Den Lauf der bösen Worte zu unterbrechen, das ist oft eine Herausforderung für Mitarbeiter in der Beschwerdestelle, wohlwissend, dass sie die Wünsche des Kunden selten vollständig erfüllen können.

> **Ein gutes Gespräch ist immer Beziehungsarbeit, bei der die Stimme eine entscheidende Rolle einnimmt.**

Ein gutes Gespräch ist immer Beziehungsarbeit. Und Beschwerden abzufangen, das ist Millimeterarbeit. Rhetorisches Hightech. Ich habe für solche Fälle den Boxenstopp kreiert; er dient einzig dazu, die Stimmung wahrzunehmen und einen Crash zu vermeiden. In der Formel 1 bedeutet das: Der Rennfahrer nimmt sich für eine kleine Zeitsequenz aus dem Geschehen heraus. Er analysiert sein Fahrverhalten nicht, sondern seine Mechaniker checken kurz die Situation, tanken wenn nötig auf. Das Szenario dauert kaum länger als zwei Sekunden, und diese können entscheidend sein für den gesamten weiteren Verlauf auf der Rennstrecke. Wie hört es sich für Sie an, in schwierigen Gesprächssituationen einen Kurzstopp einzubauen und die Fahrt zu unterbrechen?

Ich habe in den vorigen Akten in jeder einzelnen Gesprächsphase den Wert der Pause betont. Wir haben festgestellt, dass Innehalten den Gesprächsverlauf eher verflüssigt als anhält, und auch auf dem Feld der

Einwände ist die Pause eine enorme Hilfe. Sie schafft einen Raum, um die körperliche und geistige Haltung zu ändern, um daraufhin mit der Stimme zu spiegeln: »Ich höre zu, nehme Anteil, ich bin ebenfalls an einer Lösung interessiert.«

Bei Beschwerden, Einwänden, Drohungen wird die Pause zur Deeskalation beitragen. Die Pause als kurzer Boxenstopp erlaubt Ihnen, sich aus der machtvollen Führung durch die Spiegelneuronen zu lösen.

Lassen Sie sich nicht dazu verführen, alle Aufmerksamkeit auf den anderen zu richten. Verlieren Sie sich selbst nicht auf dem Radar Ihrer Achtsamkeit. Registrieren Sie Ihre körperliche Veränderung. Emotionale Attacken und Beschimpfungen gehen niemals spurlos an Ihnen vorüber. Ihr Körper reagiert durch erhöhten Herzschlag, Blutdruck, Abwehrspannung der Muskeln und verringerten Hautwiderstand.

- Steigen Sie aus Ihrem automatischen Reaktionsmuster aus. Lassen Sie nicht zu, dass Ihr Autopilot den Angriff abwehrt und in das gewohnte Muster aus Rechtfertigungen und »Ja, aber …« verfällt. Erinnern Sie sich, dass ich Ihnen im zweiten Akt empfohlen habe, auf der Bühne die Zehenspitzen zum Publikum hin auszurichten? Frontal ausgerichtet reflektieren die Spiegelneuronen am stärksten, fangen Stimmungen am unmittelbarsten auf. Was beim Präsentieren hilft, Ihre Wirkung zu erhöhen, kehrt sich nun im Konflikt gegen Sie. Denn die körpersprachliche Konfrontation ist auch am Telefon wirksam, nur spielt sich hier die Show vor Ihrem geistigen Auge ab. Denn die Grundmuster der menschlichen Kommunikation sind tief ins Gehirn eingegraben: Angriff kommt immer von vorn. Erkennen Sie das und behalten Sie so die Übersicht.
- Setzen Sie mit Ihrer Stimme ein deeskalierendes Signal. Schon während des ersten Schwalls an Vorwürfen bekräftigen Sie, was Sie hören, interessiert mit: »Mmh, mmh.« Das ist Ihr Auftakt zur Deeskalation.

Das aktive Zuhören, dieses unscheinbare und kaum wahrnehmbare Brummen, sagt im Grunde nichts anderes als: »Ich bin hier. Ich höre dir zu. Was immer du auch gerade sagst, zuallererst höre ich einfach zu.« Es ist ein wunderbares Stilelement des paraverbalen Ausdrucks und nimmt jedem Einwand die Spitze. Im Beschwerdemanagement kann das für die Kundenbeziehung lebensrettend sein. Weil kein Gegenargument das Argument klein macht. Weil kein Beschwichtigen die Probleme des anderen lächerlich macht.

Wer denkt, er könne mit raschen Entschuldigungen, mit Angeboten wie Gutscheinen oder Bonuspunkten den Wüterich am Telefon besänftigen, der irrt, der schüttet gar einen Schwall Öl ins Feuer. Dann schlagen die Flammen höher, dann wird der Ton lauter. Der Kunde fühlt sich nicht ernst genommen, denn sein Problem lässt sich nicht mit einem Pflaster heilen. Er will Aufmerksamkeit und das Begutachten und Reinigen seiner Wunde. Er will Wertschätzung – und die Ursache des Übels bekämpfen.

ÜBUNG: Bilden Sie eine Mundklammer

Sie glauben, Sie können nicht anders als antworten, rechtfertigen, diskutieren? Dann bilden Sie zur Übung einfach eine Mundklammer, um zu schweigen:

◉ Umschließen Sie die Lippen mit Daumen und Zeigefinger beider Hände und drücken Sie so lange zu, bis Sie nur noch eines sagen können: »Mmh, mmh.«

◉ Dieser tiefe Brummton leitet Sie wie das schnarrende Leitgeräusch für Blinde an der Fußgängerampel zum Schulterschluss im Beziehungskonflikt.

Der kleine Ruck

Die gedankliche Mundklammer verhindert, dass Sie im ersten Affekt antworten, aber sie stellt den Drang zur Bewegung nicht ab. Reagieren Sie zunächst auf der körperlichen Ebene. Stellen Sie Ihr altes Stammhirn zufrieden, sonst ertrinken Sie in der Hormonflut. Würden Sie jetzt aufspringen und um den Firmenblock rennen, dann würden Sie Ihr inneres Gleichgewicht zurückgewinnen. Aber welcher Arbeitgeber hat dafür schon Verständnis?

Also betrachten wir Ihre Lage einmal realistisch: Sie sitzen fest. Der Fluchtweg ist versperrt. Ihre Tätigkeitsbeschreibung verlangt die einwandfreie Kommunikation mit dem schimpfenden Kunden. Und Sie wundern sich, dass scheinbar Bildung und Status im Ärger vergessen werden, dass Manieren keine Gültigkeit mehr haben, wenn der Anrufer in der Gewährleistungsabteilung landet. Weder eine gute Kinderstube noch ein Restfünkchen Etikette bleiben erkennbar. Nutzen Sie jetzt die Erkenntnisse des Embodiment. Der spanische Arzt Antonio Alonso Cortes stellte in seinen Forschungsarbeiten bereits Mitte des 19. Jahrhunderts fest: »Moveo, ergo sum« – Ich bewege mich, also bin ich. Sie kennen den berühmten Satz des französischen Philosophen René Decartes, der im 17. Jahrhundert das rationalistische Denken begründete: »Cogito ergo sum« – Ich denke, also bin ich.

Die Paraphrase von Cortes wird heute von der modernen Hirnforschung aufgegriffen und kann in jedem Streitgespräch den Angegriffenen zum Lenker des Geschehens machen. Bewegen Sie sich, drehen Sie sich aktiv aus der Schusslinie. Eine unscheinbare Bewegung wird bereits ausreichen, um Ihre Perspektive zu ändern, um den Druck von Ihnen zu nehmen, um Ihre Gedanken zu besänftigen. Im Moment Ihrer Bewegung drehen Sie sich einen Tick fort vom Frontalangriff, und das lässt Ihnen Raum zum Atmen. Für Ihre Stimme ist dieser Akt der Selbststeuerung ein wahrer Segen. Der Druck fällt ab, die Stimme entspannt und Sie sind der Gefahr der stimmlichen Eskalation entkommen. Im Sinne einer lösungsorientierten Kommunikation ist es Ihnen gelungen, den Schulterschluss zu bilden.

Ein Konflikt ist eine Ausnahmesituation, ähnlich wie eine Prüfung, in der Zeit und Raum sich verwischen, in der das Gespür für die eigene Wirksamkeit verloren geht. In der Regel hält dieser Stillstand eine viertel Sekunde an, aber er kann größte Irritationen hervorrufen. Bei jedem außergewöhnlichen Geschehnis gilt: Spüren Sie kurz den körperlichen Sensationen nach, der Betroffenheit, dem angehaltenen Atem, dem Blutstrom, der sich ausbreitet. Jetzt erst sind Sie bereit für Strategie und Aktion.

Ein Problem für Zwei – das Schulterschluss-Prinzip

Beschwerdesituationen zeigen sehr anschaulich, wie Sie konstruktiv mit konfliktären Situationen umgehen können. Die Ingredienzen des traditionellen beliebten Beschwerde-Pingpongspiels bestehen, mit grobem Stift gezeichnet, aus:

1. Ankläger als vermeintliches Opfer
2. Beschuldigter als vermeintlicher Täter
3. Sachverhalt als sogenanntes Problem

In den meisten Fällen läuft die Szene folgendermaßen ab:

- Aufschlag: Das Opfer klagt an.
- Rückspiel: Der Beschuldigte weist die Tat zurück.
- Was einmal ein Sachverhalt war, ist nun emotionalisiert und wandert wie ein heißer Spielball hin und her.

Aus Sicht der räumlichen Psychologie stellt sich dieses Szenario wie folgt dar:

- Frontal stehen zwei Kontrahenten einander gegenüber, konfrontativ ausgerichtet – und zwischen ihnen dampft das Problem und stört die Beziehung. Ein einfacher Schachzug ist die Lösung: Das Problem muss raus aus der Mitte.

Die körpersprachliche Auflösung einer Konfrontation, der Schulter-schluss, ist uns seit Kindertagen bekannt. Er ist trainiert und als tiefe Rille in unserem Gehirn angelegt. Wann haben Sie zuletzt ein Baby beobachtet, dass ein ihm unbekanntes schwarzes, wuscheliges Ding erblickt? In der Sekunde wendet es den Kopf zur Mama und prüft, mit welchem Gesichtsausdruck sie auf das unbekannte Tier schaut. Es versucht, Emotionen wie Begeisterung oder Ekel zu erkennen. Das Kind lernt, die Wertung der Dinge im Dreieck zu sehen: Ich, Mama, Gegenstand.

»Joint Attention« nennt die Entwicklungspsychologie diesen gemein-samen Blick auf die Dinge. Das Schulterschluss-Prinzip ist geboren, ich möchte dieses Prinzip mithilfe der folgenden Übersicht veranschauli-chen.

Das Schulterschluss-Prinzip: Einwände aus Sicht der räumlichen Psychologie entkräften

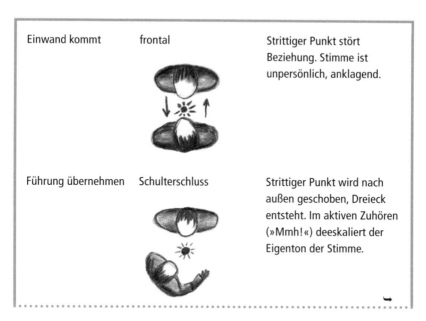

Einwand kommt	frontal	Strittiger Punkt stört Beziehung. Stimme ist unpersönlich, anklagend.
Führung übernehmen	Schulterschluss	Strittiger Punkt wird nach außen geschoben, Dreieck entsteht. Im aktiven Zuhören (»Mmh!«) deeskaliert der Eigenton der Stimme.

Echo geben	Schulterschluss	Beide schauen auf und sprechen über den strittigen Punkt, und zwar Schulter an Schulter. Der strittige Punkt ist nun räumlich von der Beziehung getrennt. Die Stimme des Gegenübers wird hörbar weicher. Erst wenn kein Unmut mehr zu hören ist, geht es an die Lösungsfindung.
Lösung finden	Schulterschluss	Noch verstellt das Problem den Blick, hinter ihm zeigt sich aber bereits die Richtung, in der später die Lösung zu finden sein wird. Jetzt ist es Zeit für vorwärtsgewandte rhetorische Hebel, etwa einer Lösungsfrage. Sobald Einverständnis hergestellt ist, erfolgt die Bekräftigung der Lösung.
Lösung bekräftigen	frontal	Bestätigung wird impulsiv eingefordert (»kleiner Abschluss«).

Abbildung 4: Das Schulterschluss-Prinzip

Sie sehen: Die ersten Schritte sind getan, um die Beziehung zu retten, um eine tragfähige Beziehung wiederherzustellen und später ein Commitment zu erreichen.

 Bevor Sie das Schulterschluss-Prinzip im Kontakt mit anderen Menschen anwenden, sollten Sie es im Rollenspiel einüben.

Beschwerdegespräch für Fortgeschrittene

Neben dem Schulterschluss-Prinzip gibt es weitere Möglichkeiten, Konfliktsituationen konstruktiv zu lösen. Dazu wieder ein Beispiel – dieses Mal beschwert sich ein Autobesitzer nicht am Telefon, sondern im direkten Kontakt mit dem Kundenberater. Er hat sich ein neues Auto gekauft und plant einen Familienurlaub. Der Sommer steht vor der Tür, die Anzeige des Thermometers klettert in die Höhe, erreicht nahezu die 30-Grad-Marke. Zwei Tage vor der Abfahrt in den Süden bemerkt er, dass die Klimaanlage nicht arbeitet. »Kein Problem«, denkt er, »gerade noch rechtzeitig bemerkt.« Er steuert seine Werkstätte an. Aber als er um den Check der Klimaanlage bittet, bemerkt er das angespannte Gesicht seines Kundenberaters. Der hört mit regungsloser Miene zu, nimmt unwirsch die Fahrzeugpapiere entgegen und verschwindet ins Nebenbüro. Unser Autobesitzer ist leicht irritiert. Nach kurzer Zeit kommt der Kundenberater zurück und eröffnet ihm: »Keine Chance, dass wir Ihr Auto vor Ihrem Urlaub reparieren. Der Zulieferer hat einen Produktionsengpass. Wir erhalten das Ersatzteil nicht.«

Der gerade noch so stolze Autobesitzer schnappt nach Luft. Er denkt an die Hitze im Süden, an seine Kinder auf dem Rücksitz. Er sieht den fragenden Blick seiner Partnerin vor sich. Das erste Mal seit Langem Urlaub mit der Familie – und dann das. Ein kleines fehlendes Bauteil wird plötzlich zum Angelpunkt der Welt.

Gefühle wie Ärger, Kränkung, Ungerechtigkeit oder Scham seien die Treiber eines jeden Konflikts, das lehrt uns Marshall B. Rosenberg, der

Begründer der Gewaltfreien Kommunikation. Der Konflikt will die dahinter versteckten Bedürfnisse geltend machen. Er schreit laut nach Anerkennung für erlittenes Ungemach, nach Ausgleich für erfahrene Ungerechtigkeit, nach Respekt für großen Einsatz und Wertschätzung für die ertragene Schmach.

Bildhaft gesprochen hat jeder Mensch, der sich über etwas beschwert, Ärger im Rucksack. Das verändert die Stimme unüberhörbar.

Bevor Sie im Beschwerdegespräch zu Beschwichtigungen und Argumenten greifen: Prüfen Sie am Klang der Stimme, ob Sie noch Ärger im Rucksack hören. Solange der Ton anklagend klingt, könnte es sein, dass die Stimme des Kunden gar nicht zu Ihnen persönlich spricht, sondern zum Beispiel Ihre Firma meint.

Natürlich reagiert der Kundenberater in dem Beispiel oben nicht gerade kundenorientiert. Besser wäre es, wenn er das Schulterschluss-Prinzip anwenden würde. Zudem sollte er die folgenden Hinweise beachten.

1. Antworten Sie nicht, geben Sie ein Echo mit Spin

Versetzen Sie sich bitte gedanklich in die Lage des Kundenberaters in dem genannten Beispiel – und dann geht es los: Sammeln Sie in den ersten Sätzen Anhaltspunkte. Versuchen Sie zwei, drei Ankerwörter herauszuhören. Wo ist was wie geschehen? Worüber spricht Ihr Kunde? Was ärgert ihn? Was erwartet er von Ihnen? Fangen Sie eines dieser Ankerwörter auf, nickend, in einem vollen, warmen Eigenton. Werfen Sie es zurück, als suchten Sie Bestätigung.

Holen Sie dadurch den anderen für einen kurzen, ersten Moment in die ganz persönliche Interaktion. Damit führen Sie den anderen erst mal in eine Schleife. Er wird nicht mehr wild seinem Pfad folgen, sondern sich auf das Stichwort stürzen und Ihnen weitere Anhaltspunkte liefern. Sie bleiben der Führer im Gespräch, Sie lenken einzig durch Ihre Stimme. Verwenden Sie Echos, drehen Sie Schleifen, noch lange bevor Sie die erste strategische Frage stellen, so lange, bis der Ärger-rucksack hörbar leer ist.

 Sie werden in dieser ersten Phase körperliche Spannungen lösen und stimmlich Führung übernehmen, indem Sie den Kunden lenken. Er erkennt, dass Sie zuhören und er Ihnen vertrauen kann. Jetzt erst ist die Zeit gekommen, über Lösungen zu sprechen.

2. Setzen Sie hypnotische Trichter vor Ihre Fragen

Denken Sie daran: Zu unvermittelte offene Fragen stoßen den Kunden von der gerade gebauten Stufe wieder hinunter. Lassen Sie ihn in Zeit, Raum und Vorstellung wandern, und zwar bis zu dem kritischen Punkt, an dem Ihre Frage ansetzen wird, zum Beispiel: »Wenn Sie an letzte Woche zurückdenken (Pause), wann ist Ihnen denn zum aller-ersten Mal aufgefallen, dass die Klimaanlage ausgesetzt hat?«

Nehmen Sie sich Zeit, in langsamer Gangart die Beziehungsstufen zu ersteigen, bis am Ende der Handschlag folgt. Das Tempo bestimmen Sie getreu der Managerregel: Man muss sich erst selbst führen können, um andere zu führen.

3. Klettern Sie auf die Metaebene

Das Gespräch droht zu kippen? Fällt die Stimme wieder zurück ins Un-persönliche? Verlassen Sie bitte sofort und gemeinsam mit dem Kunden das Handlungsfeld. Riskieren Sie keine Rolle rückwärts, sondern bege-ben Sie sich auf einen Gesprächsbalkon, der Ihnen beiden einen Über-blick über das bislang Erreichte bietet. Fassen Sie zusammen: »Wenn ich zurückschaue, was Ihnen in unserem Gespräch bisher wichtig war, so habe ich gehört … Ist es in Ordnung für Sie, wenn ich Sie morgen um neun Uhr anrufe und wir dann die restlichen Punkte besprechen?«

Holen Sie sich ein klares Ja vom Kunden, bevor Sie per Handschlag wieder an den Ort des Geschehens zurückkehren.

Mit dem Mix aus Erfahrung und Empathie werden Sie das dosierte Tempo wählen. Und wenn Ihr Kunde am Ende mit seiner Familie bei seiner Urlaubsfahrt über die Großpackung Erfrischungstücher mit Ihrem Logo drauf lachen kann, dann haben Sie alles richtig gemacht. Humor ist der beste Gradmesser für einen gelungenen Dialog.

Raus aus der Komfortzone

Täglich erfahren wir 1000 Momente, in denen die Stimme unter Druck gerät. Angriffe, Rechtfertigungen, Diskussionen, das ist keine Domäne des Berufslebens. Auch privat tappen wir leichtfertig in die Fallen, lassen uns in Streit verwickeln. Schon kleine Reaktionen können beim anderen die Stimme aggressiv färben. Das passiert immer dann, wenn wir Hinweise erhalten, die wir nicht erwarten oder wünschen. »Grün«, kommentiert der Ehemann als Beifahrer die Ampelschaltung. »Das sehe ich«, zischt die Ehefrau als Fahrerin und gibt Gas. Und verspannt. Sie denkt: »Immer muss der mich korrigieren.« Und er denkt: »Immer muss die zickig sein.« Was nett gemeint, aber falsch gesagt war, kann einen Ehekrach vom Zaune brechen. Wie viel einfacher wäre es, den Nacken zu lockern und den Autopiloten zu verlassen. Aber da stehen die Gewohnheiten im Weg. Muster zu durchbrechen, das ist mitunter unkomfortabel.

An dieser Stelle lege ich Ihnen das klassische Stimmtraining als Daueraufgabe ans Herz, und zwar aus zwei Gründen: Sie halten Ihre Stimme fit und Sie treten aus Ihrer Komfortzone heraus. Beides zusammen gibt Ihnen die innere Stärke, Szenen einer Ehe wie die obige mit einem Augenzwinkern zu bestehen.

Ich verzichte hier auf Schritt-für-Schritt-Anleitungen, möchte Sie aber motivieren, einmal täglich und vorzugsweise morgens vor dem Badezimmerspiegel Silben zu lallen, die Zunge flattern und die Lippen vibrieren zu lassen. Schneiden Sie Grimassen, hüpfen Sie, tanzen Sie, lockern Sie die Glieder, dehnen Sie die Sehnen. Diese kleinen Übungen fördern Ihre Sprechqualität, geben Ihrer Stimme Modulation, Klangreichtum und Brillanz.

Besonders jenen, die im Kreuzfeuer der Kundenemotionen stehen, sehe ich jetzt tief in die Augen. Sie sind besonders angesprochen, denn die Wahrscheinlichkeit ist groß, dass sie verbal mehr angegriffen werden als jene, die sich ihre kleinen Ruhe-Inseln im Alltag einbauen können. An der Front ist es meist laut. Oft sehe ich bei meinen Kunden, wie das Selbstwertgefühl im Dauerregen der Attacken leidet. Dann entsteht der Bodensatz aus düsteren Gefühlen, ein diffuser Anklang von Scham gräbt sich in die Gedanken, weil der Rücken sich unter der Emotionslast beugt. Mit Kollegen können sie nicht reden, ein Arbeitsplatz ist kein Therapiezentrum. Sie bleiben allein. Und so machen sie weiter im Takt und merken wie der Rücken krummer, die Haut dünner und die Filter durchlässiger werden. Aber ein Indianer kennt keinen Schmerz.

Schieben Sie diese gefährlichen Glaubenssätze zur Seite. Schulen Sie Ihre Gewahrsamkeit. Ich verspreche Ihnen: Diese Stimm- und Sprechübungen am Morgen, das einsame Blödeln im Bad – all dies wird Ihre Zuversicht und den Glanz in Ihren Augen zurückbringen, der manchmal verloren geht in traurigen Momenten.

> **!**
> **●** Treten Sie raus aus der Mühle des Alltags und aktivieren Sie Ihre Selbstwahrnehmung. Machen Sie Ihre Stimm- und Sprechübungen zum Ritual. Lauschen Sie den Tönen nach, nehmen Sie das Kribbeln in den Lippen wahr und werfen Sie für kurze Zeit Konventionen über Bord.

Menschen reagieren weltweit in gleicher Weise auf Ärger. Und auf Glück. Unabhängig von Kulturen wohnen die Gefühle zwischen Bauch und Kopf – das zeigt die folgende Abbildung. Wie Sie strahlen, das transportiert Ihre Stimme. Werden Sie nicht müde, sie zu trainieren und ihr einen gesunden Klang zu geben. Dann kommt das Lächeln von allein hinzu.

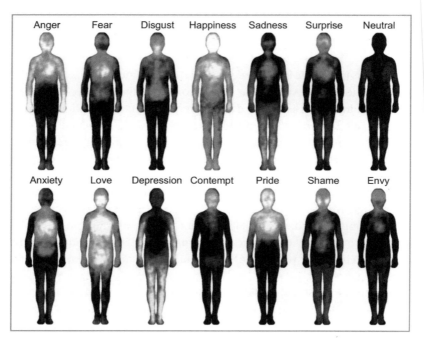

Abbildung 5: Körperkarte der Gefühle (nach Illustration von Lauri Nummenmaa et al., www.derStandard.at, 1.1.2014)

Beschwerdemanagement ist Höchstleistung – Interview mit Gerald Hagler von der Porsche Holding Salzburg

Die Porsche Holding Salzburg, eine Tochter der Volkswagen AG, ist das größte und erfolgreichste Automobilhandelshaus Europas. Das Unternehmen zeichnet sich durch ein enormes Know-how im Automobilsektor aus und steht als Premiumanbieter in einer hohen Verpflichtung Händlern und Kunden gegenüber. In Salzburg, am Sitz des Unternehmens, fließen Beschwerden zusammen, die die Gewährleistung betreffen. Obwohl das Vertragswerk detailreich jeden Anspruch regelt, setzen sich die Mitarbeiter nach Kräften für die Anliegen der Kunden ein. **Gerald Hagler** verantwortet diesen sensiblen Bereich. Er schult und schützt seine hochprofessionellen Mitarbeiter. Er ist ein Profi im Umgang mit Einwänden. Seine Stärke ist die Deeskalation.

■ *Herr Hagler, welche Voraussetzungen müssen Ihre Mitarbeiter haben, um in Ihrem Team zu bestehen?*

Das kann ich sehr pointiert beantworten. Sie brauchen ein hohes Maß an Sozialkompetenz, eine außergewöhnliche Frustrationstoleranz und die Fähigkeit, selbst unter schwierigsten Bedingungen wertschätzend und freundlich zu bleiben. Sie müssen in der Lage sein, zu guten Lösungen zu gelangen. Ebenso wichtig sind die Kommunikationsfähigkeit und der Teamgeist. Für mich ist die Reife und die Tiefe in der Kommunikation eine Selbstverständlichkeit. Denn bitte bedenken Sie: Unsere Mitarbeiter vertreten in einer äußerst geladenen Situation das Unternehmen in der Öffentlichkeit. Ich bin seit acht Jahren als Abteilungsleiter tätig und habe irgendwann entschieden, vor jeder Einstellung einen Praxistest zu installieren. Der besteht aus einem Telefongespräch, aus einem situativen Dialog und aus dem Beantworten eines Beschwerdebriefes. Hier achte ich auf die Wortwahl, die Rechtschreibung, die Haltung in den Gesprächen. Natürlich geht es in diesem Test nicht darum, sofort eine 100-prozentige Lösung für den Kunden zu entwickeln. Das ist kein Ziel. Es geht um das Feingefühl für Worte und Wünsche – und um starke Nerven. Außerdem brauchen unsere Mitarbeiter technische Erfahrung, nach Möglichkeit gar eine technische Ausbildung, um nicht nur den Sinn des Kundenanliegens zu erfassen, sondern um den Kunden argumentativ zu begleiten.

■ *Wie hoch ist die Fluktuation in Ihrer Abteilung?*

Sie werden sich vielleicht wundern – aber die Fluktuation ist trotz hoher psychischer Belastungen nicht höher als in anderen Abteilungen unseres Unternehmens. Die Mitarbeiter fühlen sich wohl im Team. Es herrscht ein gutes Klima, weil wir die Gemeinsamkeit pflegen. Und:

Die Mitarbeiter wissen, auf welcher Grundlage sie agieren können. Es gibt konkrete Richtlinien für Lösungsangebote. Diese Grenzen bedeuten Sicherheit.

■ *Welche Puffer haben Sie für Ihre Mitarbeiter eingebaut, um sie zu schützen?*

Im Prinzip sind unsere Mitarbeiter sehr belastbar. Sie sind stabil und im Umgang mit Einwänden und Launen trainiert. Dennoch kann es passieren, dass ein Streitgespräch von Kundenseite ausufert. Dann gibt es eine Regel: Niemals mit einer negativen Restemotion ein nächstes Gespräch annehmen. Es wäre völlig menschlich und vorhersehbar, dass der Mitarbeiter seine Verletzung mit in dieses Gespräch nehmen würde. Also verlässt er erst einmal für zehn Minuten den Raum, atmet durch, erholt sich, schüttelt ab, was ihn belastet. Ich halte das für einen sehr wichtigen Aspekt und für eine große mentale Leistung, nach einem Streitgespräch loszulassen und sich zu befreien. Wir führen übrigens regelmäßig Supervisionen durch. Und Weiterbildungen wie etwa das exzellente Training mit Ihnen, Herr Fischbacher. Lernen ist eine Daueraufgabe.

■ *Wie groß ist der Handlungsspielraum in einem derart gesetzlich definierten Bereich wie dem Kauf eines Fahrzeuges und des Garantieanspruchs?*

Jeder Mitarbeiter hat klare Vorgaben, was das Werk bezahlt, was gegenverrechnet werden kann. Garantien sind geregelt, größtenteils gesetzlich. Auch gibt es ein eindeutiges Reglement hinsichtlich der Kulanz gegenüber dem Kunden. Alles Weitere muss nachgefragt werden. Innerhalb dieser Grenzen versuchen unsere Mitarbeiter durch kluge Fragen zu erfassen, was der Kunde erwartet. Auf jeden Fall geht es darum, das Vertrauen des Kunden zu wecken und die Gewissheit zu verstärken, dass er mit genau der richtigen Person für seine Belange spricht. Wir wollen, dass der Kunde bleibt. Aber leider kann man nicht jedem alles recht machen.

■ *Welche Methoden dienen der Deeskalation?*

Es kann einen Punkt im Gespräch geben, an dem zwischen den Partnern nichts mehr geht. Ich betrachte dann diese Situation, höre mir beide Seiten an und bewerte die Fakten. Wie so oft im Leben wird die Wahrheit irgendwo in der Mitte liegen. Und das ist mein Ansatz für die Lösung. Dann werden weitere Gespräche nötig sein. Generell kann ich sagen, dass sich im Beschwerdemanagement selten die Anliegen im ersten Anlauf zufriedenstellend lösen lassen. Mehrere sind nötig, um bis zum Kern vorzudringen, um eine Antwort im Rahmen der Möglichkeiten zu entwickeln.

■ *Bieten Sie eine Qualitätskontrolle der Arbeit für Ihre Mitarbeiter an?*

Ja, auch da leitet uns der Teamgedanke. In heiklen Fällen sieht sich ein zweiter Mitarbeiter die Beschwerde an und beide suchen gemeinsam nach der besten Entscheidung. Was wir aber nicht tun, ist, den Kunden hinterherzutelefonieren, um festzustellen, ob sie mit dem Service, dem Gespräch, der Betreuung zufrieden waren. Wir gehen den anderen Weg und verlassen uns auf die subjektive Wertung unserer Mitarbeiter. Die schreiben nieder, wie ihre persönliche Einschätzung hinsichtlich Zufriedenheit und Wirkung ist. Dieses Urteil unserer Mitarbeiter ist uns wichtig als Vertrauensbeweis in deren Arbeit.

■ *Welchen Wert schreiben Sie dabei der Stimme zu?*

Einen sehr hohen Wert. Besonders zu Beginn eines Gesprächs. Unsere Mitarbeiter begegnen den Kunden persönlich oder telefonisch. In beiden Situationen achten sie besonders auf die Stimme. Ist der Kunde aufgeregt und hektisch? Braucht er erst einmal beruhigende Worte? Wenn die Mitarbeiter in einem freundlichen Ton sprechen, dann mildert das die Wucht der Emotionen ungemein.

5. Akt: Der Abschluss – Wie Sie Ihre Stimme optimal einsetzen, um eindeutige Vereinbarungen zu treffen

Sie haben alles richtig gemacht. Sie sind angekommen auf der obersten Stufe der Beziehungstreppe. Das hat Sie Schweiß und Energie gekostet. Verweilen Sie einen Moment und drehen Sie sich um: Erkennen Sie die Stolperfallen aus Diskussion, Zögern, Einwand, die hinter Ihnen liegen? Jede einzelne haben Sie gemeistert und dabei die Samenkörner fallen lassen, deren Blüten Sie mit dem Abschluss pflücken sollen.

Wollen Sie am Schluss des Gesprächs oder Vortrags den Applaus für Ihre außergewöhnliche Arbeit einheimsen?

Der Abschluss ist zum Greifen nah. Nur der Handschlag fehlt. Was hindert Sie, Ihrem Gegenüber ins Gesicht zu sehen und ihm mit einem vollen warmen Ton – selbstsicher, einladend und bestimmt – zu bestätigen: »Ich freue mich auf die Zusammenarbeit«? Sie könnten diesen Finalsatz mit einem Nicken begleiten und den Arm zum Handschlag ausstrecken. Das würde Ihrem Anliegen einen metaphorischen Hauch verleihen, ähnlich einem Schauspieler, der das Happy End genießt und weiß: Was folgt, ist der Applaus für eine außergewöhnliche Arbeit. Oder Sie könnten Ihren Federhalter aus dem Jackett zücken, mit einer Geste den Blick Ihres Gesprächspartners, einem Schulterschluss gleich, auf den Vertrag lenken und zwinkern: »Na, dann unterschreiben Sie bitte hier.«

Aber irgendetwas in Ihnen mahnt vor diesem letzten Schritt. Das mag zunächst unbegreiflich erscheinen. Kein Marathonläufer überwindet 42,194 Kilometer, um plötzlich vor der Ziellinie zu bremsen und zu überlegen, ob er den letzten Meter noch laufen solle oder nicht. Kein Golfspieler verweigert den letzten Putt an Loch 18, weil der Green-keeper die Fahne über Nacht versetzt hat. Der Läufer denkt über diesen letzten Schritt nicht nach, er macht ihn. Der Golfer checkt die Neigung des Rasens, die Distanz zum Loch und puttet ein. Und unser Verkäufer? Der steht vor seinem Ziel und lässt Zweifel zu. Das aber ist der ungünstigste Moment für ein Krisenszenario.

Das Gift für den Abschluss

Es gibt 1000 Möglichkeiten, den Abschluss zu vermasseln. Die gefährlichste ist das Schweigen am Ende. Was in einer Rede oder Präsentation ein wunderbares Stilelement der Rhetorik ist, das ist in den letzten Minuten einer Verhandlung wahres Gift. Denn: Schweigen erzeugt Druck, und Druck erzeugt einen Bewegungsimpuls. Am Ende einer Rede wird das Publikum diesen Impuls in Applaus umsetzen. Am Ende eines Verkaufsgesprächs steigt Ihr Gegenüber die Stufen wieder hinab.

Kennen Sie die Stummheit zwischen zwei Menschen vor dem Vertragsabschluss? Vielleicht haben Sie sich in solch einer Situation der Unsicherheit gefragt, ob Sie etwas übersehen, vergessen, verschwiegen haben? Das war ein Fehler. Denn während Sie dastehen und sinnieren, passiert eines: Der andere bewegt sich rückwärts auf Ihrer Beziehungstreppe. Er verlässt den Zenit und beginnt den Abstieg. Ihre Spiegelneuronen haben Skepsis verraten – und die quittiert er mit Flucht. Er geht in Deckung, geradewegs dorthin, wo die Einwände schlummern, weiter unten auf eine Ebene, die Sie längst überwunden glaubten. »Das darf er nicht!«, denken Sie. Und mit einem plötzlichen Wortschwall zerren Sie an ihm, wollen seinen Einwänden zuvorkommen. Sie wiederholen Ihre Argumente. Sie drängen ihn in eine Rechtfertigung. Und nun passiert eines: Sie verquasseln Ihren Abschluss.

Der Sprung zurück von der obersten Gesprächsstufe zählt zu den unglückseligsten Momenten für Verkäufer. Ihnen sollte solch ein Dilemma nicht passieren, weil Sie wissen: Oben angekommen, ist die Zeit reif für den Deal. Da geht es nur um das Commitment und um sonst nichts. Bleiben Sie in Ihrer Führungsrolle. Spiegeln Sie Ihre Selbstsicherheit durch eine kleine Frage vor dem Paukenschlag: »Sind Sie mit den Konditionen einverstanden?« Nicken Sie dazu. »Wenn ja: Dann schlage ich vor, wir unterschreiben den Vertrag.«

 Mit der Stimme setzen Sie den Handlungsimpuls. Das gilt für einen Abschluss ebenso wie für das Delegieren von Aufgaben.

Fordern ist nicht wünschen

Ich erinnere mich gut, als ein Chef eines Unternehmens für hochwertige Skibekleidung anrief. Er suchte meinen Rat als Wirtschaftscoach, denn er ahnte, seine Probleme lägen im stimmlichen Bereich. Es sollte sich als wahr herausstellen.

Mich beeindruckte seine Leidenschaft für Stoffe und Schnitte und die Vision, elegante Mode mit sportlicher Funktionalität zu vereinen. Dass er ein Künstler seines Metiers war, das bewiesen die Kennzahlen, die sich von Jahr zu Jahr verbesserten. Die Kollektionen waren begehrt, die Presse schrieb Lobeszeilen auf ihn und er hätte zufrieden sein können, hätte ihn die interne Kommunikation nicht derart belastet, dass er sich in seinem eigenen Haus wie ein ungebetener Gast fühlte.

Wir trafen uns in seinem Büro, dessen Glaswand einen Blick auf das Bergpanorama freigab. Ja, hier konnte er sich inspirieren lassen, aber, so erzählte er mir, in den vergangenen Monaten fehlte ihm die Lust dazu. »Ich bin ein Mensch, der Harmonie braucht, und die ist irgendwann verloren gegangen auf dem Weg zum Erfolg. Ich kann nicht mehr alles selbst erledigen. Ich brauche ein verlässliches Team. Meine Mitarbeiter aber widersprechen mir oder sie nehmen mich nicht ernst.

Termine halten sie nicht ein und meine Vorschläge setzen sie nicht um.« Ich blickte dem Mann in die Augen und dachte mir: »Er ist sensibel. Er meidet Konflikte und kann mit Streit nicht umgehen.« Lange Jahre habe ich in der Künstlerszene gearbeitet und mir sind bezaubernde Menschen begegnet. Sie entfalten ihre Talente umso leichter, wenn die Welt um sie herum im Gleichklang ist. Dissonanz ertragen sie nicht. Das macht sie krank. Dieser Mann vor mir strömte eine ätherische Empfindlichkeit aus. Einem Unternehmer aber stehen scharfe Konturen besser zu Gesicht.

Wie ist es um Ihre Selbstsicherheit bestellt? Können Sie auch fordern?

Er bat mich, an einem der nächsten Meetings teilzunehmen, und bereits nach einer halben Stunde hatte ich verstanden: Der Mann war nicht bereit, Führung zu übernehmen, denn er formulierte jeden einzelnen Arbeitsauftrag im Konjunktiv II, in der Wunschform. »Würden Sie das bitte bis heute Abend abschreiben?« Und: »Könnten Sie diese Zeichnung nach meiner Vorlage korrigieren? Das wäre sehr hilfreich.« Oder: »Würden Sie den Messestand in diesem Jahr als offenes Oval konzipieren?« Und dann: »Dürfte ich nachfragen, welchen Termin der Lieferant genannt hat?«

Als der Manager für Skibekleidung zu seiner Mannschaft sprach, da waren die Worte schwammig und die Stimme unbestimmt. Es war offensichtlich: Dieser Mann scheute sich vor Ablehnung. Er hatte Angst vor Kritik an seiner Person. Deshalb trat er leise. Mir fielen die Leitsätze des Unternehmens ein, die er mir bei der Begrüßung in die Hand gedrückt hatte. In großen Lettern stand an erster Stelle: »Wir pflegen ein wertschätzendes Miteinander.«

Wertschätzung besteht nicht aus falsch verstandener Höflichkeit, sondern aus dem Vertrauen, dass der andere bereit ist, auf seinem Gebiet das Beste zu geben. Und während ich weiter der Runde folgte, die Konjunktive sammelte, da drängte sich ein zweiter Aspekt auf: Manager sind oft einsam. Die Plaudereien am Kopierer, in der Kaffeeküche, das Lachen im Flur, der kleine belanglose Tratsch, der Beziehungen zusammenschweißt – all das entfällt bei Managern häufig. Menschen aber wollen seit Gedenken eine soziale Verortung. Sie fürchten sich vor Ablehnung und davor, kein anerkanntes Mitglied in einem sozialen Gefüge zu sein. Bei unserem smarten Chef spürte ich dieses hinderliche Gefühl in jeder Auftragsformulierung.

Aber für Manager gilt der Leitsatz: Indianer brauchen einen Häuptling. Der muss mit konkreten und messbaren Arbeitsaufträgen hantieren und Ergebnisse fordern. Der muss unter Umständen sein Team zur Verantwortung rufen und im Äußersten bereit sein, Konsequenzen zu ziehen, wenn fahrlässiges Verhalten ein Projekt gefährdet. Führung im Business besteht aus Arbeitsaufträgen, die keinen Spielraum für Interpretationen lassen.

 Bauen Sie Ihre Ängstlichkeit ab. Stellen Sie stimmlich unterstützt auch Forderungen.

Ängstliche Menschen senden Ihre Stimme nicht ab. Der Aufforderungscharakter ist viel zu schwach. Sie lassen ihre Melodie nicht los und lösen keinen Handlungsimpuls aus.

Den Schlusspunkt setzen

Gehirnforscher haben herausgefunden, dass Ablehnung ebenso schmerzt wie eine körperliche Wunde. Die gleichen elektrischen Signale schießen durch das Gehirn, um schnellstmöglich einen Heilungsprozess einzuleiten. Wer sich als Kind einmal die Finger auf der heißen Herdplatte verbrannt hat, der wird nie wieder auf die Fläche fassen. Wer einmal von einem Lehrer vor versammelter Klasse wegen eines Referats ausgelacht wurde, der wird lange glauben, er könne nicht vortragen. Wer von seinem Partner völlig überraschend verlassen wurde, der wird Schmerzen am Herzen und im Bauch fühlen, als sei er ernsthaft krank.

Die Angst vor Zurückweisung trifft bis ins Innerste, bis ins Gehirn. So mag die Schmerzvermeidung der Grund sein, warum Aufgaben zu höflich und Abschlüsse gar nicht formuliert werden. Dieses Verhalten aber könnte auf Dauer das Ende Ihrer Karriere bedeuten.

Darum: Stellen Sie sich dem Schmerz. Mildern Sie ihn mithilfe der Werkzeuge, die ich Ihnen vorgestellt habe. Bringen Sie Leichtigkeit in Ihre Gedanken – Goethe sagte dazu: »Die Erinnerung überstandener Schmerzen ist Vergnügen.«

Ich habe Respekt vor Verkäufern, die sich dem Risiko der Verletzung täglich aussetzen. Dabei denke ich zum Beispiel an die Hoteleinkäufer der TUI, die durch Europa und die Welt reisen, um mit Hoteliers über Konditionen zu verhandeln und Verträge auszuarbeiten. Diese Zielgruppe der Hotelbesitzer oder -geschäftsführer sind schwierige Gesprächspartner. Entweder haben sie keine Zeit oder sie beklagen schon vor Beginn des Gesprächs, was schiefläuft, um sich strategisch in eine gute Ausgangsposition zu bringen und Eingeständnisse zu fordern. Sie sind es gewohnt, umworben und hofiert zu werden, ihr resolutes Verhalten hebt den Dialog auf ein hohes Niveau. Ich habe für Verhandlungen im Extrembereich sieben Aspekte herausgearbeitet, die Ihnen helfen, Ihren Fokus auf den Höhepunkt des Dramas, auf das Finale, zu richten.

> **Wie gehen Sie mit Ablehnung um?**

Aspekt 1: Nehmen Sie Ihren Standpunkt ein
Richten Sie Ihre Zehenspitzen auf Ihren Gesprächspartner und symbolisieren Sie so, dass Sie ihn menschenzugewandt führen wollen.

Aspekt 2: Die Stimme verrät, ob der andere gedanklich bei Ihnen ist
Ein guter Verkäufer ist hellhörig. Er fängt die stimmlichen Signale ein, um zu erkennen, auf welcher Beziehungsstufe beide Gesprächspartner stehen. Bei einem inneren Widerstand klingt die Stimme zögerlich, weniger persönlich. Es fehlen die kleinen Nuancen, die sie

aus dem neutralen Sachbereich herausheben und funkeln lassen. Darum:

- Üben Sie mit dem Kunden den Schulterschluss ein.
- Trachten Sie danach, die Haltesignale herauszuhören, hinter denen die gut versteckte, passable Lösungsstraße verborgen ist.
- Und dann starten Sie noch einmal eine strategische Fragephase, und zwar sehr kurz und pointiert.

Aspekt 3: Beziehungs- und Sachebene müssen deckungsgleich sein

Eine Vereinbarung wird immer von Angesicht zu Angesicht getroffen. Seien Sie beunruhigt, wenn Ihr Gegenüber sich und den Blick abwendet. Dann droht er, Ihnen zu entkommen. Mein Tipp:

- Holen Sie ihn mit klarer Stimme wieder zurück.
- Fordern Sie ihn auf, den Pakt zu beschließen. Wenn Sie im Lauf des Gesprächs Ihre Hausaufgaben gemacht haben, wird Ihnen das gelingen, denn jetzt geht es einzig darum, das vorher Erarbeitete zu besiegeln.
- Erlauben Sie sich, führungsstark und bestimmt zu klingen.

Aspekt 4: Geben Sie Ihrem Gesprächspartner sieben bewusste und gelenkte Schweigesekunden

Halten Sie in den Sekunden vor der Entscheidung den Mund. Begleiten Sie die Gedanken des anderen aber durch Ihre hörbare Anwesenheit, Ihr subtil bekräftigendes »Mmh«. Damit beweisen Sie, dass Sie innerlich den Abschluss vollzogen haben.

Achtung: Zaghaftes Schweigen signalisiert Unsicherheit. Und bedenken Sie: In Mitteleuropa steigt ein Verhandlungspartner nach sieben Sekunden Schweigen mental aus. Überziehen Sie den Zeitplan nicht.

Aspekt 5: Wenn der Kunde stumm bleibt: Wiederholen Sie unverfänglich Ihre letzte Frage

Jetzt nur keine Panik. Vertrauen Sie darauf, dass Antworten oft länger dauern als erwartet. Wiederholen Sie Ihre letzte Frage, als hätten Sie sie nie zuvor gestellt. Dadurch signalisieren Sie: »Lassen Sie sich ruhig Zeit. Ich vertraue darauf, dass Sie die richtige Antwort finden.«

Diese Schleife stärkt Ihre Führung und macht noch einmal deutlich: Für Sie gibt es jetzt nur noch die Unterschrift.

Aspekt 6: Achten Sie auf den Spannungsbogen im Gespräch

Sie haben für die richtungsgebende Phase Ihres Gesprächs 30 Minuten. Danach lässt das Interesse an Ihrem Thema nach. Das bedeutet konkret:

- Führen Sie Ihr Gespräch entlang Ihrer strategischen Fragen. Denn Sie brauchen am Ende Zeit, um die stärksten Aussagen Ihres Kunden kurz und knapp zu wiederholen oder einen letzten Einwand umzuwandeln.
- Setzen Sie mit der Stimme ein Signal, dass es nun ernst wird.
- Kommen Sie zum Punkt. Planen Sie fünf bis sieben Minuten für Ihr Finale ein.

Aspekt 7: Nehmen Sie den Abschluss vorweg

Ihr Gegenüber windet sich ganz zuletzt mit einem »Ja, aber …«. Das ist in dieser Phase ein Kaufsignal. Fassen Sie Ihren Mut zusammen und preschen Sie vor:

- Nehmen Sie den Abschluss vorweg, so als wäre er schon besiegelt.
- Sprechen Sie über die nahe Zukunft, über die konkreten Ergebnisse Ihrer Zusammenarbeit.
- Holen Sie sich zwischendurch immer wieder ein klares Commitment zum Stand des Gesprächs. Üben Sie so gemeinsam mit Ihrem Kunden den Abschluss.

- Führen Sie ihn mit zugewandter Stimme von Stufe zu Stufe zur neuen Überzeugung.

> **!** **Kurz bevor Sie glücklich mit Ihrem Kunden den Abschluss genießen, sollte Ihre Stimme alle Zuversichtlichkeit ausstrahlen, die Sie besitzen.**

Denken Sie dabei auch an das Wohlgefühl, an das raumfüllende Sprechen, an den Nachhall, den Ihre Botschaft erweckt. Bleiben Sie zugewandt, aufmerksam und konzentriert bis zum Schluss. Geben Sie Ihr Bestes.

Stimme ist Leben – und Charisma

Erfolgreiche Verkäufer suggerieren mit Ihrer Stimme: Ich weiß, was ich tue, und ich meine, was ich sage. Sie artikulieren die Konsonanten und Vokale präzise und mit Genuss. Kein Verschwimmen der Silben entsteht, kein Verschlucken von Buchstaben macht das Zuhören mühsam. Sie geben den Worten ihre Bedeutung.

Erst die Stimme verleiht uns Wirksamkeit. Aber ist Stimmcharisma erlernbar?

Die Klarheit der Gedanken drückt sich in der Modulation der Sprache aus. Und ich werde nicht müde, Sie zu ermuntern, nur wenige Minuten täglich Ihre Stimme zu trainieren. Sie finden Checklisten in diesem Buch. Schon mit kleinen Übungen erreichen Sie eine frappierende Verbesserung ihrer Wirkung.

Stimme ist so viel mehr als ein Instrument für Verhandlungen. Stimme ist Ihr Weg in dieses Leben. Ihr erster Schrei bewies Ihren Lebenswillen. Schon im Alter von wenigen Wochen entdecken Babys zum ersten Mal die Wirkung ihres Brabbelns und senden es der Mutter, dem Vater mitten ins Gesicht. Die nehmen diese Töne lachend auf und geben sie ihrem Kind wie ein Geschenk zurück. Es freut sich über die Zuwendung und strampelt laut jauchzend mit Armen und Beinen, erprobt alle Muskeln des kleinen Gesichts, um dem Glucksen mehr Farbe zu geben. Mit diesem lustvollen Wechselspiel von Rede und Gegenrede wächst in seinem Gehirn ein Gefühl von Glück.

Sprache bewegt die Welt. Ich glaube, hinter diesem Satz verbirgt sich eine tiefe Sehnsucht, mit Worten unsere Spuren zu hinterlassen, und dabei lernen wir früh: Erst die Stimme verleiht uns Wirksamkeit.

Auf der Bühne des Theaters und der Wirtschaft sehe ich fasziniert, wie Menschen über sich hinauswachsen, wenn sie plötzlich heraustreten aus ihren Hemmungen, ihren Begrenzungen, weil die Stimme sie trägt. Dann scheint es, als wären Absicht und Wirkung eins, als würden sich die Grenzen zwischen Geist und Materie auflösen, als würde ihr Charakter eine neue glänzende Facette erhalten. So will ich an dieser Stelle die Stimme weit hinausheben aus dem Buchkontext und sie zu etwas Größerem machen, zu etwas, das ich nur mit einem Wort beschreiben kann: Charisma.

Blicken wir uns heute um, so erkennen wir in allen Bereichen des Lebens Menschen, deren Stimme Gewicht hat und die uns tief beeindrucken, auch mit Stimme. Sie strahlen Leidenschaft und tiefe Ehrlichkeit aus und sie nehmen Raum ein, ohne andere daraus zu verdrängen. Ich frage mich immer wieder: Ist dieses Stimmcharisma erlernbar?

Die Stimme ist in der Tat eine Gabe, die entwickelt werden will. Wie im Sport ist Begabung das eine, damit allein gewinnt jedoch niemand Medaillen. Erfolg ist immer das Ergebnis von gezieltem Einsatz.

Wirksame Menschen spielen mit der Stimme wie Virtuosen auf der Geige. Sie verwandeln Noten in Musik und brennen einmal gehörte Melodien unauslöschlich in unsere Erinnerung ein. Sie locken mit dem überraschenden Wechsel aus Piano und Forte unsere Neugier hervor und beflügeln Gedanken und Herzen mit einem wahren Reigen aus Klangfarben.

Beginnen Sie heute. Lernen Sie neu hinzuhören. Lauschen Sie dem Klang der Stimmen, studieren Sie die Vielfalt der Zwischentöne.

Schließen Sie neue Freundschaft mit Ihrer eigenen Stimme. Sie wartet darauf, von Ihnen trainiert, optimiert und zu einem unwiderstehlichen Instrument für Gespräche, Vorträge und Verhandlungen perfektioniert zu werden. Üben Sie, rollen, brummen, schmecken, pusten Sie die Buchstaben und setzen Sie sie neu zu Worten zusammen, die begeistern und überzeugen. Entwickeln Sie Freude und Lust am Sprechen. Die Stimme gibt Ihrem Leben einen unverwechselbaren Ausdruck, immer Charakter und manchmal sogar Charisma.

ÜBUNG: Wie Sie Ihre Stimme optimal einsetzen, um eindeutige Vereinbarungen zu treffen

Körpersprache: Suchen Sie die führende Position, drehen Sie sich so, dass Sie sich gegenüber Ihrem Gesprächspartner positionieren:

◉ Wenn Sie gerade stehen, suchen Sie den »Surfbrett-Stand«: Beide Füße am Boden, Knie etwas lösen, Rücken aufrichten, Schultern loslassen: Das ist wichtig, um Ihrer Stimme den vollen Ton zurückzugeben.

◉ Wenn Sie gerade sitzen, lösen Sie sich von der Lehne und gehen initiativ in den aktivierenden »Kutschersitz«: Auf dem Stuhl etwas nach vorn rücken (noch besser: den Stuhl etwas nach hinten schieben und selbst auf derselben Position bleiben), Oberkörper und Nacken aufrichten, Schultern loslassen.

◉ Achten Sie dabei darauf, dass Sie den Respektabstand zum Gesprächspartner nicht unterschreiten.

Mentale Präsenz: Wie diffizil das Gespräch auch bisher war, lösen Sie sich davon. Sie übernehmen jetzt impulsiv den Handlungsfaden, die Führung.

◉ Lassen Sie Ihre ungeteilte Zustimmung zum Ergebnis sehen und hören. Nun haben Vorbehalte keinen Platz mehr. Jetzt ist alle Energie in den nächsten Schritt gelegt.

- Lassen Sie Ihre Sinne wachsam sein, bleiben Sie empathisch: Bemerken Sie die Erleichterung Ihres Gegenübers?

- Geben Sie Ihrem Gesprächspartner das Gefühl, dass Sie ihn für das Erreichte wertschätzen. Legen Sie Gewicht, Dank und Bekräftigung in Ihre Worte.

- Ein Handschlag lässt Ihre Stimme kraftvoll das Ergebnis besiegeln. Deuten Sie selbst am Telefon den Handschlag an, Ihre Geste ist hörbar.

Der Abschied ist der Anker für das nächste Gespräch. Lassen Sie hören, wie viel Ihnen am anderen liegt. Persönlich. Ehrlich. Authentisch. Daran werden Sie selbst mühelos das nächste Mal anknüpfen können. Voice sells!

Weiterbilden für die Karriere – Interview mit Hans Georg Hagleitner von Hagleitner International

Hagleitner International setzt seit 1971 Maßstäbe im Bereich von Reinigungsmitteln, Abfüllsystemen und Papierlösungen für Hotels. Kreativität, Entwicklungsfreude und Service treiben das inhabergeführte Haus in Zell am See an, um auch zukünftig zu den Besten der Branche in Europa zu zählen. **Hans Georg Hagleitner** betont, dass der zentrale Wert seines Unternehmens der Mensch sei. Deshalb investiert er in die persönliche Weiterentwicklung seiner Mitarbeiter. Stimm-Trainings sind ein fester Bestandteil der Unternehmenskultur.

■ *Herr Hagleitner, gibt es im Weiterbildungsrepertoire Pflicht und Kür?*

Pflicht und Kür heißen bei uns Hard Skills und Soft Skills. In unserer Academy pflegen wir diese Unterscheidung. Bei den Hard Skills geht es darum, dass unsere Mitarbeiter in allen Bereichen ein hohes Maß an Fachwissen benötigen, um unseren Anspruch an Qualität leben zu können. Genauso wichtig sind für uns aber auch die Soft Skills, die zur persönlichen Weiterentwicklung der Mitarbeiter beitragen und damit gleichermaßen Kompetenz wie Freude an der Arbeit ermöglichen.

■ *Service ist bei Hagleitner ein Versprechen an die Kunden. Ihre Mitarbeiter garantieren die Leistung vor Ort. Welche Rolle spielt die Stimme dabei?*

In unserer Vision haben wir klar definiert, dass wir unsere Kunden mit Innovation und Service begeistern wollen. Zum Service gehört es nicht nur, bessere Dienstleistungen als der Mitbewerb zu bieten. Es gehört ebenso dazu, in der Kommunikation kompetent als Partner der Kunden auftreten zu können. Hier spielt die Stimme eine wichtige Rolle.

■ *Wie schätzen Sie die Macht der Stimme vor einem Vertrags- oder Kaufabschluss ein?*

Die Wissenschaft weiß, dass in der Kommunikation der Inhalt nur einen relativ geringen Anteil an der Wirkung der Botschaft hat, das Auftreten und die Stimme einen sehr hohen. Insofern ist die Macht der Stimme ein wesentlicher Anteil am Erfolg der Kommunikation – und der ist essenziell für einen erfolgreichen Abschluss.

■ *Wählen Sie Ihre Außendienstmitarbeiter auch nach der Stimmpräsenz aus?*

Im Außendienst ist erfolgreiche Kommunikation das Tagesgeschäft. Aus dem Grund legen wir nicht nur auf eine gepflegte Erscheinung Wert, sondern auch auf die entsprechende stimmliche Präsenz der Mitarbeiter.

■ *Welchen Rat geben Sie Ihren Mitarbeitern, die kurz vor einem Vertragsabschluss stehen?*

Lächeln Sie sich im Spiegel Ihres Autos zu, bevor Sie aussteigen. Mit diesem Lächeln und im Bewusstsein, dass Sie dem Kunden Gutes tun, gehen Sie dann zum Gespräch. Und wenn Sie vorher mit Summen Ihren Eigenton aktivieren, fällt der Abschluss leicht.

■ *Wie stellen Sie sicher, dass die Inhalte eines Seminars in der Praxis angewendet werden und dass die Mitarbeiter nicht wieder in alte Verhaltensmuster zurückfallen?*

Wir legen bei unseren Seminaren Wert darauf, dass die Mitarbeiter einfache Übungen erlernen, die in den Alltag integrierbar sind. Damit ist gewährleistet, dass die Seminare auch eine nachhaltige Wirkung haben.

Voice Awareness© – Stimme ist hörbarer Erfolg

Ein Buch ist ein Buch und kein Coaching. Zum Coaching zählen mindestens zwei Menschen im Dialog mit Blickkontakt. Die treffen sich in realen oder virtuellen Räumen für zwei Stunden oder zwei Tage – und einer weiß genau, was zu tun ist: den innewohnenden Fähigkeiten des anderen zur Wirkung, zur Entfaltung zu verhelfen.

Menschen, die sich mit der Stimme befassen, erfahren nahezu in Echtzeit einen Qualitätsschub an Ausstrahlung, Sympathie und Zustimmung. Weil sie eindringlich sprechen, ohne laut zu sein. Weil sie rundum verstanden werden, ohne übertrieben zu artikulieren. Weil sie immer persönlich klingen, selbst wenn sie nicht einer Meinung sind. Der Lohn ihrer Anstrengung sind das anerkennende Nicken des Coachs und der Applaus der Zuhörer.

Ein Buch hingegen lesen Sie alleine. Kein Lob widerfährt Ihnen. Dieser gravierende Unterschied macht es dem Buch natürlich schwer, den Weg in die Händlerregale und von dort in die Hände des Lesers zu finden. Mehr als 90 000 Werke landen jährlich auf dem deutschsprachigen Markt und viele davon versinken in dieser Flut der Thesen und Geschichten. Kennen Sie die Kriterien für einen Kauf?

Gehirnforscher haben festgestellt, dass Ihr Impuls zum Kauf nach wenigen Sekunden schon wieder versickert. Es sei denn, ein Detail klopft an Ihr Unbewusstes und weckt sein Interesse. Dann bewerten Sie Cover, Papier und Klappentext. Dann blättern Sie vielleicht durch die Seiten, versuchen die Schreibstimme zu erahnen und das Thema zu erfassen. Sollten Sie nun neugierig sein auf das Thema, so ziehen Sie sich mit dem Werk in eine Ecke der Buchhandlung zurück. Dann vertiefen Sie sich ein wenig mehr in die Worte. Und auf einmal knüpft sich ein Band zwischen den Seiten und Ihren Gedanken. Die Lautstärke da draußen drehen Sie leiser und Sie schenken Ihrer inneren Stimme Beachtung. Sie tauchen ein in den ersten Akt. Was könnte für einen Autor ein größeres Kompliment sein als diese Stille zwischen Text und Leser? Ihre positiven Emotionen sind endlich herausgetreten aus dem Unbewussten und mitten im limbischen Gehirn gelandet, genau dort, wo die Gefühle wohnen, wo Kaufentscheidungen fallen.

Ich wünsche mir viele Leser für mein Buch. Denn das wäre ein Zeichen, dass die Stimme, dieses wunderbare Instrument der Kommunikation, beachtet, begriffen, trainiert wird.

In meinen Seminaren versprechen die Teilnehmer, ihre Übungen täglich zu absolvieren, um die Stimme kraftvoll und fit zu halten. Das freut mich. Aber ich weiß auch, wie schnell sich der Alltag wieder ausbreitet und keine Zeit lässt für das Singen von Vokalen, für das Blödeln vor dem Spiegel. Der Autopilot im Gehirn spult bald wieder auf der Gewohnheitsrille. So ist die Gefahr groß, dass Erlerntes verblasst und wieder abrutscht in die Tiefen der Windungen. Dort wird es gespeichert, dort kann es schlummern oder wieder erwachen, wenn Emotionen ins Spiel kommen. Mit diesem Buch will ich Sie ermuntern, die Stimme im Bewusstsein zu halten, sie als Gefühlsbarometer einzusetzen, um die Spiegelneuronen der anderen einzufangen und zu deuten. Ich will Ihre Selbstwahrnehmung für Ihren Körper, für Ihre Sprache, für Ihr Wirken stärken. Im Alltag und im Business.

> **Besitzen Sie die Ausdauer, Ihre Stimme nachhaltig zu trainieren?**

Meine Methode Voice Awareness© bedient sich der Erkenntnisse aus Psycholinguistik und Wahrnehmungsforschung. Als Essenz beschreibt sie eines: Sprache und Emotionen sind untrennbar miteinander verwoben. Die Stimme ist der Schlüsselreiz, um diese Stofflichkeit in Schall, in Töne, in Worte zu wandeln.

Mit den folgenden Checklisten und konkreten, sofort umsetzbaren Übungen werden Sie erfolgreich sein vom Erstkontakt bis zur Verhandlung. Von der Diskussion bis zum Abschluss. Das verspreche ich Ihnen. Und sollten Sie am Ende die Sehnsucht spüren nach einer Begegnung in einem Seminarraum, dann empfehle ich Ihnen gerne erfahrene Stimmcoachs und -trainer auf der Website des Europäischen Netzwerks der Stimmexperten, www.stimme.eu, dem ich als Präsident vorstehe.

Über meine Keynotes, Trainings und Coachings lesen Sie mehr auf www.arno-fischbacher.com und www.voice-sells.tv.

Ich freue mich auf Ihre Anregungen und Wünsche. Bleiben wir in Kontakt.

Checklisten und Übungen

◎ Zweites Läuten abgewartet? Die eben bearbeitete Aufgabe mental abgeschlossen? ❏

◎ Sitzposition verändert? Bodenkontakt geschlossen? Schultern gelöst und Nacken aufgerichtet? ❏

◎ Stimme mit einem bekräftigenden »Mmh!« aktiviert? ❏

◎ Positiv auf das neue Gespräch eingestimmt? ❏

◎ Nach dem Abheben bewusst auf den Stimmklang des Gesprächs-partners gehorcht? ❏

◎ Nicht gleich geantwortet, sondern nach den ersten Worte des Gesprächspartners den Gruß erwidert und den Gesprächspartner mit Namen angesprochen? Danach kurz gewartet? ❏

◎ Die ersten Worte bewusst und hörbar im Beziehungston gesprochen? ❏

◎ Immer wieder mit »Mmh!« aktiv zugehört? Dabei wirklich zugehört und nicht schon eine Antwort auf den Lippen gehabt? ❏

◎ Anstatt in die Antwortfalle zu gehen, kurzes Echo gegeben und dadurch den Ball zurückgespielt? ❏

➥

◎ Fragen mit einer fokussierenden Einleitung begonnen, vielleicht sogar einem hypnotischen Trichter? ❏

◎ Fragen mit Frage-Turbos zugespitzt? ❏

◎ Beziehung vertieft, indem Antworten immer wieder kurz zusammengefasst wiederholt werden? ❏

◎ Gesprächspausen zugelassen? ❏

◎ Nachdenkpausen des Gesprächspartners mit bekräftigendem »Mmh!« stressfrei ermöglicht? ❏

◎ Mit klarer Stimme den Abschluss eingeleitet? ❏

◎ Mit ebenso klarer Stimme die Vereinbarung wiederholt? ❏

◎ Herzlich verabschiedet und dadurch den nächsten Kontakt vorbereitet? ❏

Nutzen Sie jetzt die Gelegenheit, kritisch all jene Gelegenheiten zu analysieren und durch Smileys zu bewerten, bei denen in Ihrem Unternehmen die Stimme eine ganz besonders große Rolle spielt.

Wichtig: Nennen Sie Missstände beim Namen! Setzen Sie so einen wichtigen ersten Schritt zur Veränderung.

Abteilung, Anlass:	Iststand:	Zu tun:
Vertrieb, Verkauf	☹☹☺☺☺	
Auftragsannahme	☹☹☺☺☺	
Präsentationen	☹☹☺☺☺	
Beschwerdetelefon	☹☹☺☺☺	
Besprechungen	☹☹☺☺☺	
Einkauf	☹☹☺☺☺	
Empfang, Sekretariat	☹☹☺☺☺	
Führen, Delegieren	☹☹☺☺☺	
Feedbackgespräche	☹☹☺☺☺	
Konfliktgespräche	☹☹☺☺☺	
Am Telefon	☹☹☺☺☺	
Telefonwarteschleifen	☹☹☺☺☺	
Anrufbeantworter	☹☹☺☺☺	
Buchhaltung	☹☹☺☺☺	
Technik	☹☹☺☺☺	
...	☹☹☺☺☺	

Wo und wann achten Sie besonders auf Ihre Stimme? Kreuzen Sie bitte die entsprechenden Felder an und überlegen Sie, was Sie verbessern können:

Ich achte besonders auf die Stimme ...	Zustand heute:	Konkreter Verbesserungs- wunsch:	Priorität:
beim Erstkontakt	☹☹☺☺☺		❏❏❏❏❏
bei der Kaltakquise	☹☹☺☺☺		❏❏❏❏❏
bei Terminvereinbarungen	☹☹☺☺☺		❏❏❏❏❏
beim Nachfassen	☹☹☺☺☺		❏❏❏❏❏
beim Sprechen auf den AB	☹☹☺☺☺		❏❏❏❏❏
generell am Telefon	☹☹☺☺☺		❏❏❏❏❏
bei der Gesprächs- eröffnung	☹☹☺☺☺		❏❏❏❏❏
beim Small Talk	☹☹☺☺☺		❏❏❏❏❏
im Beratungsgespräch	☹☹☺☺☺		❏❏❏❏❏
beim Verhandeln	☹☹☺☺☺		❏❏❏❏❏
im Preisgespräch	☹☹☺☺☺		❏❏❏❏❏
im Konfliktgespräch	☹☹☺☺☺		❏❏❏❏❏
im Feedbackgespräch	☹☹☺☺☺		❏❏❏❏❏
in der Abschlussphase	☹☹☺☺☺		❏❏❏❏❏
am Beschwerdetelefon	☹☹☺☺☺		❏❏❏❏❏
wenn ich mich beschwere	☹☹☺☺☺		❏❏❏❏❏

Ich achte besonders auf die Stimme ...	Zustand heute:	Konkreter Verbesserungs- wunsch:	Priorität:
in Meetings	☹☹☺☺☺		☐☐☐☐☐
beim Delegieren	☹☹☺☺☺		☐☐☐☐☐
am Empfang	☹☹☺☺☺		☐☐☐☐☐
im Sekretariat	☹☹☺☺☺		☐☐☐☐☐
gegenüber Frauen	☹☹☺☺☺		☐☐☐☐☐
gegenüber Männern	☹☹☺☺☺		☐☐☐☐☐
gegenüber Mitarbeitern	☹☹☺☺☺		☐☐☐☐☐
gegenüber Chefs	☹☹☺☺☺		☐☐☐☐☐

»Ich erlebe meine Stimme immer wieder eher ...« – kreuzen Sie bitte die entsprechenden Felder an und überlegen Sie, was Sie verbessern können:

						Zu tun:
voll					dünn	
laut					leise	
angenehm					unangenehm	
klangvoll					rau	
hoch					tief	
hauchig					klar	
metallisch					einschmeichelnd	
spontan					eingelernt	
zu langsam					zu schnell	
gleichgültig					engagiert	
sicher					unsicher	
ruhig					lebhaft	

einfühlsam	distanziert
abwechslungsreich	eintönig
verstandesmäßig wirksam	gefühlsmäßig wirksam
ernsthaft	flatterhaft
leicht	gewichtig
feindlich	freundschaftlich
bedrohlich	vereinnahmend
beruhigend	aufregend
unterwürfig	dominant
appellierend	feststellend
natürlich	unnatürlich
vertrauenswürdig	nicht vertrauens- würdig

CHECKLISTE:
Stimmlich überzeugen im Erstkontakt

Stimme ist hörbare Körpersprache:

◎ Haben Sie sich nach der Autofahrt kurz gestreckt und gedehnt? ☐

◎ Haben Sie Kreuz, Rücken und Schultern mobilisiert, einmal die Arme ☐
ausgestreckt?

◎ Haben Sie Ihren Kiefer gelockert? Mit ein paar Grimassen Ihre Mimik ☐
aufgeweckt?

Stimme signalisiert, wie Sie zum Gesprächspartner stehen.
Hinterfragen Sie Ihre Rolle und stellen Sie Augenhöhe her:

◎ Kommen Sie als Bittsteller? Wie verstehen Sie Ihre Rolle? ☐

◎ Fühlen Sie sich wie ein Keiler? Wie ist heute Ihr Selbstverständnis? ☐

◎ Wollen Sie den Kunden belehren? Wie wollen Sie das Gespräch zum ☐
Abschluss führen?

◎ Sind Sie ehrlich neugierig auf die Welt des Kunden? Sind Sie offen ☐
für Eindrücke und Beobachtungen?

◎ Was wissen Sie über Ihren Kunden? Welche Querbezüge im ☐
Unternehmen müssen Sie beachten?

◎ Sind Sie bereit, die persönliche Verfassung Ihres Gesprächspartners ☐
wahrzunehmen?

Ihre Befindlichkeit ist hörbar:

◎ Eile, Zeitdruck? Was verschafft Ihnen Spielraum? ☐

◎ Zu spät? Welche neue Vereinbarung ist möglich? ☐

◎ Schlechtes Gewissen? Was haben Sie aus Fehlern gelernt? ☐

◎ Angst vor Ablehnung? Was unterstützt Sie, das Gespräch sportlich   ❑
   zu sehen?

◎ Angst vor Vorwürfen oder Beschwerden? Welche Anliegen können   ❑
   Sie dahinter verstehen?

◎ Gefühl, der Preis sei zu hoch? Was stärkt Sie, ihn klug und souverän ❑
   zu vertreten?

◎ Haben Sie Lust auf dieses Gespräch? Was kann Ihre Lust darauf   ❑
   erhöhen?

◎ Werden Sie Spaß daran haben, auf Unerwartetes zu stoßen?   ❑

Achten Sie darauf, dass Sie während Ihres Warm-ups ungestört und unbeobachtet sind. Genießen Sie nun Ihre Übungen:

Körpersprache für hörbaren Standpunkt und volle, klare Stimme:

◎ »Surfstand«: Beide Füße fest am Boden. Knie nicht ganz durch-strecken: Mit der Vorstellung, auf einem Surfbrett oder einem schwankenden Boot zu stehen, die Knie etwas lösen, die entstehen-de Stabilität genießen. ❑

◎ Selbstbewusste Sicherheit spüren: Rücken aufrichten, dabei das Gefühl zulassen, »erhaben« zu wirken. Schultern loslassen, Arme fallen lassen. Dem Schutzbedürfnis von Bauch und Körpermitte Raum geben. ❑

Für motivierende Modulation und bewegte Gestik:

◎ Arme und Schultern seitlich und nach oben dehnen und strecken. Den Ellbogenradius bewusst erweitern. ❑

◎ »Den Raum umarmen«: Stellen Sie sich vor, Ihr Publikum säße schon vor Ihnen. Umfassen Sie mit weiten Gesten den Raum. Spüren Sie, wie sich Ihr Brustkorb öffnet. ❑

Für klare Artikulation und verständliche Sprechweise:

◎ Zungengymnastik: Erforschen Sie stumm mit der Zungenspitze millimeterweise Ihre Zahnreihen. ❑

◎ Gähnräkeln: Dehnen und strecken Sie sich wie eine Katze nach dem Erwachen, gähnen Sie lautstark und ungeniert mit weitem Rachen. ❑

◎ Blubbern, schnauben, brabbeln und schmatzen Sie für einige Sekunden nach Herzenslust. ❑

Für eine dem Raum angepasste Lautstärke und beeindruckendes Stimmvolumen:

◉ Akustischer Vorab-Check des Vortragsraums: Schlendern Sie laut sprechend durch die Reihen und achten Sie auf den Nachhall. ❑

◉ Prüfen Sie kritisch, wie viel Stimmvolumen der Raum tatsächlich benötigt. Dadurch vermeiden Sie, zu druckvoll zu sprechen. ❑

Für Souveränität, Sicherheit und gegen Auftrittsnervosität:

◉ Ihre Schamgrenzen werden wie weggeblasen sein: Lassen Sie für zwanzig Sekunden Ihr inneres Kind ans Steuerruder. ❑

◉ Zeigen Sie sich selbst Grimassen im Spiegel, verrenken Sie sich ulkig, blödeln Sie gezielt und nach Herzenslust. ❑

◉ Danach Outfit überprüfen, das angenehme Kribbeln gutheißen und raus auf die Bühne! ❑

Trainieren Sie regelmäßig Ihr Gehör. Hören Sie Ihrem Gesprächspartner genau zu:
Was genau verrät Ihnen diese Stimme?

◎ Zeitdruck? ❑

◎ Ungeduld? ❑

◎ Anspannung? ❑

◎ Unwillen? ❑

◎ Wohlwollen? ❑

◎ Gönnerhaftigkeit? ❑

◎ Überlegenheit? ❑

◎ Dominanz? ❑

◎ Tatkraft? ❑

◎ Energie? ❑

◎ Müdigkeit? ❑

◎ Neugier? ❑

◎ Echtes Interesse? ❑

◎ Angst? ❑

◎ Sorge? ❑

◎ Scham? ❑

◎ Oberflächlichkeit? ❑

◎ Unwirsche Haltung? ❑

◎ Freude? ❑

◎ Stolz? ❑

◎ Zufriedenheit? ❑

CHECKLISTE: Wie Sie mit kleinen stimmlichen Signalen einen guten Dialog führen

◎ **Eigenton:** Lässt Ihre Stimme hören, dass Sie mit sich selbst rund und mit Ihrem Gesprächspartner auf Augenhöhe sind? ❏

◎ **Zuhörsignal:** Nicken alleine genügt nicht. Senden Sie subtile Zuhörsignale? Ist hörbar, dass Sie ohne zu werten einfach aufnehmen? Oder kann man am Ton Ihres »Mmh!« hören, dass Sie statt zuzuhören nur auf die nächste Gelegenheit lauern, selbst zu sprechen? ❏

◎ **Echo:** Verleiten Sie Ihren Gesprächspartner immer wieder durch geschickte, aufmunternde Mini-Paraphrasen dazu, seine Aussagen zu vertiefen? Oder sprechen Sie selbst mehr als nötig? ❏

◎ **Verständnispausen:** Lassen Sie nach wichtigen Aussagen oder Fragen genügend Zeit für Reaktionen? ❏

◎ **Fokus vor Frage:** Werten Sie Ihre strategischen Fragen auf, indem Sie davor hypnotische Trichter setzen? ❏

◎ **Frage-Turbos:** Verleiten Sie zu tief empfundenen Antworten, indem Sie offene Frage mit den drei Turbos zuspitzen? ❏

◎ **Probeabschluss:** Halten Sie immer wieder inne, um das bisher Erreichte zusammenzufassen? Holen Sie dafür mit klarer Stimme die Bestätigung ein? ❏

CHECKLISTE:
Wie Sie Einwände mit Ihrer Stimme entkräften

Einwände und deren ungeschickte Entgegnung sind der Beziehungskiller Nummer eins in Verkaufsgesprächen. Nichts führt ein Gespräch so radikal zurück an den Start wie eine zu schroffe oder belehrende Entgegnung oder gar eine ausweichende Antwort.

Und die Lösung? Viele rhetorische Kniffe werden empfohlen, manche davon mit Format. Mit wenigen Ausnahmen haben sie aber alle den Nachteil, nur das Denkhirn anzusprechen. Was aber Verkäufer und Kunden am Schluss zu einer einvernehmlichen Lösung, zum nachhaltigen Abschluss führt, ist allemal die Sympathie zwischen zwei Menschen. Ansonsten wäre in Zeiten des Internets und der Technik der Beruf des Verkäufers längst ausgestorben. Und diese Sympathie gilt es aufrechtzuerhalten.

Beziehungserhaltend auf Einwände reagieren

◉ Haben Sie das Einwand-Signal rechtzeitig erkannt? Haben Sie sich   ❏
den Beginn der typischen Einwände eingeprägt? (»Ja, aber …«/
»Schon, aber …«/»Ist das nicht viel zu …«)

◉ Haben Sie dem Antwortimpuls widerstanden (»Mund zu!«)?   ❏

◉ Haben Sie auf Hinhören geschaltet und aktiv mit »Mmh!«, also dem   ❏
Beziehungston Ihrer Stimme, quittiert, was Sie hören?

◉ Ist Ihnen aufgefallen, dass dieser Einwand, körpersprachlich   ❏
gesehen, frontal auf Sie gerichtet ist, Sie also persönlich angegriffen
werden?

◉ Haben Sie sich deshalb während des Hinhörens etwas zur Seite   ❏
gedreht und den »Schulterschluss« gesucht?

◉ Haben Sie dabei aktiv mit einer Hand den »heißen Punkt« des   ❏
Konflikts genommen und dadurch körpersprachlich ein Dreieck
gebildet?

◎ Können Sie jetzt gemeinsam mit Ihrem Kunden auf den strittigen
Punkt blicken? Perfekt, Sie haben nun, räumlich betrachtet, hinter
dem »heißen Punkt« bereits die Lösungsrichtung sichtbar gemacht. ❏

◎ Haben Sie auf den Einwand zuallererst ein »Echo« gegeben? Also
anstatt zu antworten, im nachfragenden Tonfall den Ball zurückgespielt: »Mmh, (einige Worte des Einwands wiederholen), mmh?« ❏

◎ Ist es Ihnen vielleicht sogar gelungen, durch mehrere geschickte
Echos den Gesprächspartner zu neuen Einsichten zu führen? ❏

Glossar wichtiger Begriffe

Abschluss: Stimme und Sprechweise müssen zur Vereinbarung am Ende jedes Gesprächs deutlich einladen, sonst fehlt die Aufforderung dazu. Gefragt sind eine klare Stimme mit tragfähigem Volumen, ein offener Klang ohne Druck und ein ansteckender Schwung.

Alarmbereich der Stimme: In eskalierenden Konflikten werden die Stimmen lauter, aber auch deutlich höher und oft schrill. Ursache ist die Angriffs- oder Abwehrspannung in Brust, Schultern und Hals. Solange die Stimme alarmiert (frz. al armes = zu den Waffen), löst sie im Gegenüber das Stresshormon Adrenalin aus, die Körperspannung bleibt hoch, das Herz schlägt schneller und die kognitive Kontrolle ist eingeschränkt.

Alltagstraining: Die meisten Seminare scheitern am Beharrungsvermögen der eingeübten Verhaltensmuster (»Autopilot«). Trainingstechniken aus dem Spitzensport weisen den Weg zum Erfolg. Das Motto dabei ist: »Übe nie im Wettkampf!« Neue Verhaltensweisen werden für wenige Sekunden testweise in den Alltag eingeschleust und so bereits oftmals wiederholt, bevor es wirklich darauf ankommt. Ein spielerischer Zugang und das neugierige Erproben des Neuen sorgen im Gehirn über spezielle Botenstoffe für erhöhte Lernbereitschaft.

Artikulation: Verständlich sprechen ist Service am Zuhörer. Es gilt daher, die einzelnen Laute der Sprache so präzise und voneinander unterscheidbar als möglich zu gestalten. Für die Artikulationsmuskeln der Zunge, Lippen, Wangen sowie der Kaumuskeln heißt das: Raus aus der Komfortzone! Ein kurzes Warm-up dehnt diese Muskelpartien und sorgt für klareren Stimmklang und bessere Verständlichkeit.

Atem: Jede noch so kleinste Regung des Menschen beeinflusst den Atem – und dadurch die Stimme. Die Atmung ist somit ein exzellenter Indikator für das eigene Befinden. Das bewusste Erleben der Atmung ist ein wesentlicher Schritt zu mehr Selbstwahrnehmung.

Autopilot: Alltägliche Handlungsmuster wie Gehen, Stehen und Sprechen sind durch tausendfache Wiederholung hochgradig automatisiert: Sie laufen auf »Autopilot«. Das macht selbst kleine Veränderungen so schwierig. Sprechen ist zudem die komplexeste Handlung, zu der der Mensch fähig ist. Mehr als 100 Muskeln müssen koordiniert, Gedanken in Sprache verwandelt werden. Das Gehör ist damit beschäftigt, das Ergebnis ständig zu kontrollieren, während alles im Menschen zu eruieren versucht, ob die Botschaft auch richtig angekommen ist. In diesen Prozess versuchen Sie einzugreifen, wenn Sie sich mit Rhetorik und Stimme beschäftigen. Haben Sie also Geduld mit sich selbst!

Bauchatmung: Ein bildhafter, jedoch missverständlicher Begriff. Gemeint ist die spürbare Weitung des Bauches, ausgelöst durch die Arbeit des Zwerchfells. Das steht im Gegensatz zur Hochatmung (alltagssprachlich: Brustatmung), bei der die Schultern beim Einatmen hochgehen. Die Atmung ist somit ein perfekter Indikator für Stress, denn Schultern und Oberkörper reagieren auf jeden inneren oder äußeren Druck und geben dies an die Stimme weiter.

Beziehungston: Bin ich gemeint oder nur meine Geldtasche? Noch bevor im Gehirn Worte verstanden werden, analysiert das limbische Gehirn die sozialen Signale der Stimme. Klingt es distanziert oder persönlich? Drängend oder einladend? Das stellt die Beziehungsweichen, speziell im Erstkontakt. Der Klang des Beziehungstons wird als wärmer, runder und voller empfunden und ist etwas tiefer als der neutrale Sachton.

Beziehungstreppe: Der Weg zur gemeinsamen Vereinbarung lässt sich als eine Reihe von schwankenden Stufen verstehen. Erst wenn die eine Stufe gesichert und stabil erscheint, kann der Kunde und Gesprächspartner den Fuß darauf setzen, um mit Ihnen eine Stufe höher zu steigen. Die Stimme lässt jeweils präzise hören, ob das Vertrauen dafür groß genug ist.

Blödeln: Hinter verschlossenen Türen aus der Komfortzone auszusteigen und mit vollem Körper-, Mimik- und Stimmeinsatz spontane Faxen zu machen ist eine wahrhaftige Möglichkeit, Auftrittsangst, Nervosität und Lampenfieber abzubauen.

Botschaft: Summe aus den Worten und ihrer »Begleitmusik«, der Tonalität und der Körpersprache.

Corporate Voice: Aus den Forschungen zum akustischen Marketing ist bekannt, wie stark die Qualität des Klangs eine Marke prägt. Das Geräusch zuschlagender Autotüren wird deshalb ebenso akribisch designt wie das Knacken beim Biss in den Cracker. Und die Stimme ist der Hauptakteur im akustischen Markenbild. Die Tonalität der Menschen erschafft täglich Realität. Wie klingt Ihr Unternehmen? Wie klingt Ihre Stimme, wie klingen die Stimmen Ihrer Mitarbeiter, speziell am Telefon?

Deeskalation: Der Grundkonflikt bleibt hörbar, solange die Stimmen der Kontrahenten in einem Konflikt angespannt und höher klingen. Das Abklingen des Konflikts macht sich unweigerlich in gelösten, wärmeren und tieferen Stimmen bemerkbar.

Dialog: Form des Gesprächs, in der die Führung immer wieder wechselt und beide Gesprächspartner einander als gleichberechtigt anerkennen. In diesem Sinne ist ein gutes (Verkaufs-)Gespräch jedenfalls kein einseitiger Fragemarathon.

Dominanz: Mit Stimulanz und Balance bildet die Dominanz das Dreigestirn der limbischen Attribute.

Dramaturgie: So wie ein spannender Film in jeder Szene überraschende Wendungen bereithält und dennoch konsequent auf sein Ende hinläuft, so folgt auch jedes gute Verkaufs- oder Überzeugungsgespräch einem versteckten Plan. Wird er offensichtlich, ist die Absicht durchschaut und das Ziel verfehlt. Die Kunst ist, der vorbereiteten Dramaturgie zu folgen und dennoch frei zu bleiben, auf die Entwicklung des Augenblicks zu reagieren.

Druck: Es gibt mehrere Druck-Aspekte: Oft soll »Leistungsdruck« Mitarbeiter dazu bringen, noch mehr Ergebnisse zu liefern. »Psychischer Druck« erhöht generell die Muskelspannung und verändert subtil Stimme und Sprechweise. Schon durch fünf Sekunden Warm-up vor einem Gespräch kann dies kompensiert werden. Das Warm-up macht die Stimme fit für die Gesprächseröffnung. Hoher »Verkaufsdruck« wirkt sich sehr oft negativ auf die Qualität der Verkaufsgespräche aus. Wird das Produkt anstelle des Kunden in den Fokus gerückt, lässt die unpersönliche Sachstimme oder der Appell im limbischen Gehirn des Kunden alle Alarmglocken läuten. Wird allzu viel »Druck im Gespräch« ausgeübt, folgen Einwände und Gegenargumente – Druck erzeugt Gegendruck.

Dynamik: Der anregende Wechsel zwischen laut und leise beim Sprechen wird als Dynamik bezeichnet. Fehlt diese Abwechslung, droht die Aufmerksamkeit der Zuhörer zu sinken. Freie und offene Gestik verstärkt die Dynamik der Stimme.

Echo-Technik: Gesprächstechnik, die zu großer Verbindlichkeit und tiefen Antworten führt. Drei Elemente sind dabei wesentlich. Signalisieren Sie einerseits mit dem ehrlichen »Mmh!«, dass Sie aktiv zuhören. Laden Sie immer wieder unmerklich zum Bestätigen und Weitersprechen ein, indem Sie ein oder zwei Worte oder eine Phrase nickend wiederholen. Und achten Sie darauf, nicht allzu frontal zu Ihrem Gesprächspartner zu stehen oder zu sitzen.

Eigenton: Wohlklingende Tonlage im unteren Drittel des persönlichen Stimmumfangs. Studien belegen: Menschen, die in ihrem Eigenton sprechen, strahlen mehr Ruhe und Entspannung aus, erzeugen mehr Sympathie, vermitteln Vertrauen und Sicherheit. Diese Stimmlage erlaubt nebenbei, lange und ohne Anstrengung auch laut zu sprechen. Den Eigenton hören wir, wenn jemand stressfrei ist und wenn die

Muskeln, die an der Stimmproduktion beteiligt sind – insbesondere im Kehlkopf –, keine Fehlspannungen aufweisen. Können die Stimmlippen frei schwingen, so klingt unsere Stimme entspannt, gelöst, voll, in sich ruhend. Das Gegenteil wäre hörbare Stressspannung, etwa aufgrund von Zeitmangel. Eine einfache Methode, diese Stimmlage selbst zu erfahren, ist, ein gutes Essen mit einem anerkennenden »Mmh!« zu loben. Der Ton moduliert dabei hörbar tiefer als in der normalen Sprechstimme.

Einwand: Viele mögliche Reaktionen auf Einwände sind von erfahrenen Verkaufsexperten beschrieben worden. In Hinblick auf die unbewusste Wirkung der Stimme ist jedoch zu beachten, dass jeder (körpersprachlich gesehen) frontal geäußerte Einwand zu einer kaum beherrschbaren Spiegelung des Ausdrucks führt. Das stört für einen wesentlichen Moment die Vertrauensbasis des Gesprächs und lässt die Stimme in den neutralen, unpersönlichen Sachbereich hochgehen. Als Zwischenschritt vor der rhetorischen Bearbeitung des Einwands stellt ein Echo (→ *Echo-Technik*) das menschliche Einvernehmen wieder her, bevor auch kognitiv wieder Übereinstimmung erzielt wird.

Empathie: Wie nahbar klingt der Sprecher? In welchem Ausmaß vermittelt er Zuhörbereitschaft und Partnerschaftlichkeit während des Sprechens? Das Gegenteil der empathischen Stimme wäre ein Überhang an Dominanz beim Sprechen, ein Befehlston, eine Stimme, die eine klare Hierarchie signalisiert, nach dem Motto: »Ich sage dir, was ist, und du hörst zu.«

Energie: Die Stimme signalisiert die innere Beteiligung an einer Sache. Ein matter Ton lässt kaum Vertrauen entstehen. Kraftlosen Stimmen fällt es schwer, Begeisterung zu wecken und zu konkreten Handlungen zu motivieren. Stimme ist Schwingung, die Bewegungsenergie der Stimme überträgt sich körperlich. Zudem imitieren die Spiegelneuronen des Zuhörers die Bewegungsmuster des Sprechers und beeinflussen somit das Körpergefühl.

Erstkontakt: Stimme und Tonalität haben Signalwirkung. Nalini Ambady, eine Psychologin der Harvard University, hat dies in einer Studie nachgewiesen: Sie entnahm Erstgesprächen zwischen Ärzten und Patienten wahllos jeweils vier Zehn-Sekunden-Ausschnitte, auf denen die Stimme des Arztes zu hören war. Aus dieser Aufnahme wurden die Höhen so rausgefiltert, dass der Text unverständlich, die Sprechmelodie und der Stimmklang aber hörbar waren. Unvorbereitete Probanden beurteilten diese 40-sekündigen Stimmaufnahmen spontan nach Vertrauenswürdigkeit. Das Ergebnis war verblüffend. Die Einschätzung der unbeteiligten Zuhörer stimmte signifikant überein mit dem von der Versicherungsgesellschaft errechneten Risiko von Schadenersatzklagen gegen den betreffenden Arzt.

Frage-Turbos: Offene Fragen führen allzu oft zu einsilbigen und stark kontrollierten Antworten. Durch geschicktes Zuspitzen, dem Erlauben von Spontanantworten und dem Verengen des Blickwinkels lässt sich die Wirkung der Frage vervielfachen. Die Antworten fallen länger, tiefer empfunden und spontaner aus. Die Stimme lässt dabei die emotionale Beteiligung hören.

Führung: Gerade in Verkaufsgesprächen ist die aufmerksame Führungsbereitschaft der Stimme ein wichtiges Kriterium. Das klingt kompliziert – darum: Was wäre das Gegenteil? Wenn alles nur aus Routine heraus geschieht, fehlen der Stimme die entscheidenden Leitfrequenzen, die sogenannten → *Sprecherformanten*. Das mindert die Aufmerksamkeit und provoziert das Übernehmen der Führung durch den Gesprächspartner.

Gähnräkeln: Einfache Zehn-Sekunden-Aufwärmübung für die Stimme. Räkeln, strecken und dehnen Sie sich genussvoll, gähnen Sie dabei ungeniert breit und hörbar. Spüren Sie, wie Gaumen, Zungengrund und Rachen weit werden. Das vergrößert hörbar Ihr Stimmvolumen.
→ *Übung: Warm-up für Präsentation und Rede*

Gestik: Offene, freie und ungehemmte Gesten verstärken die angenehme Modulation der Stimme und verhindern Monotonie beim Sprechen.

Gesunde Stimme: Eine gesunde Sprechstimme ist frei von Nebengeräuschen und Fehlspannungen, klingt klar und voll, moduliert mühelos in jede Höhe, artikuliert kräftig oder leise, ist weittragend, resonanzreich, weich und anstrengungslos. Jede untrainierte erwachsene Stimme ist durch Gewohnheiten eingeschränkt, kann jedoch mit geringem Zeiteinsatz entfaltet werden.

Halo-Effekt: Erklärungsmodell für die starke Wirkung des ersten Eindrucks. Durch den Halo-Effekt (gr. hàlos = Lichthof) überstrahlen die zuerst gehörten oder gesehenen Eindrücke alle nachfolgenden für längere Zeit.

Haltung: Die innere Haltung einem Thema, Produkt oder Menschen gegenüber drückt sich unbewusst in der Körperhaltung und somit auch in der Stimme aus.

Hertz: Maßeinheit für die Frequenz. Beim Sprechen liegt die durchschnittliche Tonhöhe der männlichen Stimme bei etwa 125 Hz und die der weiblichen bei etwa 250 Hz. Das Klangspektrum der menschlichen Stimme erstreckt sich mit den Obertönen bis hinauf zu etwa 12 000 Hz. Für die Sprachverständlichkeit sind kräftige Obertöne zwischen 2000 und 3500 Hz besonders wichtig, sie korrespondieren mit der besonderen Empfindlichkeit des Gehörs für diese Frequenzen.

Herzraum: Die Angst vor Ablehnung, Vorwürfen oder besonders dominanten Kunden verengt den Brustkorb und lässt dem Herzen weniger Spielraum. Auch die Anspannung vor einer Präsentation hat einen ähnlichen Effekt. Der daraus entstehende engere, oft gepresste Stimmton überträgt sich – selbst beim Telefonieren – besonders stark. Kurze Dehnungsübungen wie Schulterkreisen lösen diese Spannung rasch.

Hören und horchen: Das Tückische beim normalen Zuhören ist: Die Konzentration liegt so gut wie ausschließlich auf der Sprache, den Worten, dem »Was sagt er / sie?«. Die Tonalität wird dabei gänzlich unbewusst verarbeitet und ihre Wirkung zu spät erkannt. Nur wer die Ohren spitzt und zwischendurch auch horcht, wie es klingt, und dem Tonfall lauscht, wird die wertvollen, darin versteckten Signale erkennen und frühzeitig darauf reagieren können.

Hypnotische Trichter: Suggestive Sprachmuster, die starke Assoziationen, Vorstellungen oder Erinnerungen wecken oder den Blick in eine spezielle Richtung lenken. Als »Aufwärmer« vor eine Frage gesetzt, öffnen die hypnotischen Trichter im Gehirn die Tür zu starken Handlungsantreibern. Das schafft emotionale Beteiligung und verstärkt die Bereitschaft, spontan und ehrlich zu antworten.

Indifferenzlage: Ökonomische Sprechstimmlage, in der mit dem geringsten Krafteinsatz der größte stimmliche Output erreicht wird. Spricht man dauerhaft außerhalb der Indifferenzlage, kommt es zu Anspannungen und Belastungen der Stimme bis zur Heiserkeit. Wer seine Indifferenzlage benutzt, erlebt eine verblüffende Wirkung auf die Zuhörer: Aufgrund des akustischen Übertragungseffekts auf die Körpermuskulatur bewirkt das Sprechen in der eigenen, natürlichen Tonhöhe, dass die Gesprächspartner konzentrierter zuhören können. Die Indifferenzlage ist zudem eines der wichtigsten Stimm-Signale, um einen Sprecher kompetent, sachlich und souverän wirken zu lassen. → *Eigenton*

Information: Sobald der Mensch etwas ausspricht, gibt es – genau betrachtet – keine reine Information mehr. Alles verwandelt sich in → *Botschaften.*

Ja-Straße: Bildhafte Erklärung von Kauf- und Überzeugungsprozessen. Damit der Kunde in kleinen Schritten vom ursprünglichen Standpunkt zu einer neuen Überzeugung gelangt, sind eine Reihe innerer Entscheidungen nötig. Diese zu provozieren und aussprechen zu lassen, ist Aufgabe des Verkäufers.

Kehlkopf: Wenn sich im Kehlkopf beim Sprechen die beiden Stimmlippen geschlossen haben, bringt sie die Ausatemluft zum Schwingen. Der »rohe« Stimmton ist entstanden und eilt in Richtung Rachen, Gaumen und Mund. Erst hier werden aus dem Urton durch Artikulation Sprachlaute gebildet.

Klangfarbe: Ob eine Stimme strahlend hell oder muffig dumpf klingt, liegt viel weniger am Körperbau als an eingelernten, unbewussten Bewegungsmustern. Professionelles Stimmtraining schult daher immer auch die Körperwahrnehmung.

Konfrontative Position: Wenn Gesprächspartner einander frontal gegenüber sitzen, sind die Spiegelneuronen besonders aktiv. Damit steigt die Gefahr, ungewollt Emotionen zu übertragen. Nützlich ist dieser Effekt hingegen, wenn Sie beim Präsentieren Führungsbereitschaft zeigen, indem Sie frontal stehen.

Körperwahrnehmung: Sinneskanal, der im Embryo zuallererst und somit noch vor dem Gehör ausgebildet wird; verantwortlich für das Steuern von Bewegung und Körpersprache. Der weitgehend unbekannte »7. Sinn« bezieht seine Empfindungen aus Muskelspindel (Spannung der Muskeln), Sehnenorgan (Zug) und Druckrezeptoren im Gelenk. Die Körperwahrnehmung erlaubt das Herausbilden von Körperbewusstsein. → *Sense Focusing*

Kutschersitz: Die Kutsche fährt über unwegsames Gelände. Wie muss der Kutscher am Kutschbock sitzen, wenn er bei einem unerwarteten Schlagloch nicht im Graben landen will? Richtig, fest mit beiden Beinen am Boden und den Nacken aufgerichtet, die Schultern gelöst, um nicht ungewollt an den Zügeln zu reißen, in Tuchfühlung mit seinen Zugpferden. Im Kutschersitz klingen Sie deutlicher, voluminöser und klarer als in der entspannten, legeren Haltung. Sie verleihen Ihren Aussagen mehr Nachdruck und Gewicht.

Lampenfieber: Schneller Puls, verspannte Schultern, gestresste Stimme – die gesteigerte Nervosität vor Gesprächen oder Auftritten kann die Karriere behindern. Psychologisch gesehen ist Lampenfieber die unbewusste Angst vor der Scham. Oft sind mangelnder Selbstwert und alte Glaubenssätze der Nährboden für die unausgesprochenen Befürchtungen, zu versagen oder Ansprüchen nicht zu genügen. Intelligentes Aufwärmen (→ *Blödeln*, → *Warm-up*) vor dem Einsatz setzt die übersteigerte Selbstkontrolle auf ein nötiges Maß zurück. → *Übung: Warm-up für Präsentation und Rede*

Lautstärke: Was geschieht, wenn jemand versucht, bewusst laut zu sprechen? Rasch kippt der Ton ins Beliebige, Unpersönliche und beleidigt das Zuhörerohr. Die Stimme reagiert sehr sensibel auf Druck. Lautstärke ist eine unzureichende Beschreibung für das, was wir uns wünschen, um jemanden gut zu verstehen. Es ist viel eher die Tragfähigkeit der Stimme, die uns Lebensenergie und Spannkraft signalisiert. Auch introvertierte Menschen sind ohne Verleugnung ihres Naturells mühelos in der Lage, mit tragfähiger Stimme vorzutragen. Der Schlüssel dafür liegt im → *raumfüllenden Sprechen*.

Leittöne: siehe → *Sprecherformanten*

Lösungsdreieck: Im Konflikt stört ein Problem die Beziehung zweier Menschen. Beide Kontrahenten reden aufeinander ein, das Problem wird hin- und hergereicht. Jeder sieht hinter dem Problem den anderen Menschen als Verursacher. Erst der → *Schulterschluss* erlaubt es, die Beziehung wieder von der Sache zu trennen. Nun schauen beide auf die Störung, sie sehen dasselbe und können kooperativ den Lösungsweg entwerfen. Von oben betrachtet ist nun ein Lösungsdreieck entstanden.

Mimik: Lange Zeit schien es zur Qualifikation von Führungskräften zu gehören, beim Sprechen möglichst keine Miene zu verziehen und sich auf die reine Sachaussage zu beschränken. Heute setzt sich langsam die Erkenntnis durch, dass nur die emotionale Unterfütterung der Worte mit Gesten und Mimik zum Verstehen und Erinnern führt. Auch was das deutlich artikulierte Sprechen betrifft, ist Bewegung Pflicht. Nur wenn Mimik, Kiefer, Mund und Zunge ihren Spielraum nutzen können, unterscheiden sich die Laute deutlich genug voneinander.

Modulation: Monotonen Stimmen fehlt die angenehme Modulation, also das anregende Auf und Ab der Tonhöhe beim lebendigen Sprechen.

Nachhall: siehe → *Raumfüllendes Sprechen*

Obertöne: Würden Stimmen nur auf ihrer Grundfrequenz tönen, wären sie voneinander so wenig unterscheidbar wie das Freizeichen im Telefon. Natürliche Klänge unterscheiden sich durch die Vielzahl der Teiltöne (Obertöne), die gleichzeitig mit dem Grundton erklingen. Die Verteilung der Energie (»Lautstärke«), mit der die einzelnen Teiltöne klingen, bestimmt den Gesamtklang. Sind nur die tieferen Teiltöne der Stimme energiereich, klingen Stimmen brummig. Sind helle Teiltöne übertrieben stark zu hören, klingen Stimmen metallisch und eitel. Eine Eigenheit besonders angenehmer Stimmen sind → *Sprecherformanten.*

Offene Frage: Im Gegensatz zur geschlossenen Frage (»Haben Sie schon gefrühstückt?«), auf die meist nur mit Ja oder Nein geantwortet wird, verleitet die W-Frage oder offene Frage (»Was gab es denn heute beim Frühstück zur Auswahl?«) zu einer längeren Antwort. Verstärken Sie die offene Frage mit → *Frage-Turbos* und → *hypnotischen Trichtern.*

Paraphrase: Verständnissicherndes (teilweises) Wiederholen des Gehörten. → *Echo-Technik*

Paraverbaler Ausdruck: Der »verbale« (wörtliche) Anteil einer Botschaft kann auch gelesen werden; der »nonverbale« wird als Körpersprache hauptsächlich gesehen; der »paraverbale« Anteil wird gehört. Er umfasst das ganze Spektrum der Stimme, mit der die Botschaft ausgesprochen wird: Stimmlage und Klang, Lautstärke, Betonung, Sprechtempo, Artikulation, Fülllaute, Dialekt und Sprachmelodie.

Pause: Menschen, denen gesagt wird, sie sprächen zu schnell, reden oft in akzeptablem Tempo, aber pausenlos. Sinn entsteht nur in → *Verständnispausen.*

Präsenz: Fähigkeit, in einer subtilen und angenehmen Weise einen Sog an Aufmerksamkeit auf sich zu ziehen. Präsente Menschen nehmen sich selbst besonders gut wahr und werden oft als besonders gegenwärtig beschrieben. → *Sense Focusing*

Primacy-Effekt: Der Primäreffekt (engl. primacy effect) bezeichnet den speziellen Eindruck, den man von einer Person spontan innerhalb von wenigen Sekunden gewinnt, wenn man sie zum ersten Mal sieht oder hört. Die entstandene Wertung beeinflusst lange alle nachfolgenden – auch veränderten – Erlebnisse mit dieser Person. → *Halo-Effekt*

Psycholinguistik: Das ist die Wissenschaft von der menschlichen Sprachfähigkeit und ein Teilgebiet der Sprachwissenschaft. Sie erforscht, wie Sprache erworben wird, wie Sprechen und Verstehen gelingt und wie Sprache im Gehirn repräsentiert wird.

Raumfüllendes Sprechen: »Sie sprechen zu schnell und zu leise!« – Speziell zurückhaltende Menschen hören solch ein Feedback oft. Schnell denkt man, die Stimme sei einfach so. Tatsächlich aber hält eine Gewohnheit den Ausdruck zurück. Betrachten wir die Gestik: Sie nutzt den Ausdrucksraum nur in begrenztem Maß. Und die Stimme? Auch sie scheint nur innerhalb eines kleinen Radius anzusprechen. Wie entsteht diese zurückhaltende Sprechweise? Ein Blick auf den Sprecher zeigt: Die Entfernung der Ohren vom Mund beträgt kaum zehn Zentimeter, der Primärschall der Stimme erreicht daher das Gehör nach kaum messbaren Sekundenbruchteilen und wird rasch als laut genug abgehakt. Weiter entfernte Zuhörer allerdings müssen die Ohren spitzen. Eine einfache Möglichkeit, der Stimme mehr Raumklang zu verschaffen, ist, während des Sprechens in den Raum hineinzuhorchen und dem Nachhall der eigenen Stimme zu lauschen. Jetzt wartet das Gehör mit dem Freigeben des nächsten Lauts, bis der Nachklang des ersten ans Ohr gedrungen ist. Die verblüffenden Ergebnisse sind mühelos verdreifachtes Stimmvolumen und eine getragenere, weniger abgehackte Sprechweise.

Scham: Das Gefühl, seinem Gesprächspartner nicht ebenbürtig zu sein, ist einer der größten Hemmschuhe im Verkauf. Auch entsteht Scham aus der Furcht, durch Misserfolg den sozialen Erwartungen nicht zu entsprechen. Die Angst vor der Scham ist der stärkste Treiber von Nervosität. → *Lampenfieber*

Schulterschluss: Einladende Körperbewegung weg aus der Konfrontation, durch die die Aufmerksamkeit im Gespräch auf einen Punkt außerhalb der beiden Gesprächspartner gerichtet wird. → *Lösungsdreieck*

Selbststeuerung: siehe → *Sense Focusing*

Sense Focusing: Einfache Intervention, um automatisierte Handlungsmuster zu durchbrechen (»Autopilot ausschalten«). Oft löst in Verkaufsgesprächen ein unerwarteter Einwand trotz besseren Wissens zuerst eine kurze Schrecksekunde und dann eine Rechtfertigung aus. Mit Sense Focusing erlangen Sie rasch Ihre Selbststeuerung wieder zurück. Dazu genügt vorerst eine kleine Bewegung, ein Schritt oder ein Sich-anders-Hinsetzen. Das Erleben, das Spüren dieser Regung genügt, um die entstandene kognitive Blockade zu lösen, das limbische Gehirn wieder in Schwung zu bringen und somit wieder handlungsfähig zu sein. Auch bei der Bekämpfung von Nervosität beim Präsentieren wirkt Sense Focusing wahre Wunder: Sie richten Ihre Aufmerksamkeit für einige Sekunden auf Ihre Fußsohle und geben der Belastung nach. Durch den Fokus auf Ihre Körperwahrnehmung verändert sich die Muskelspannung in den Stresszonen von selbst. Schulter / Nacken und Gesicht / Kiefer lassen spürbar los. Sobald Sie das aktiv erleben, ist der Kreis geschlossen. Sie haben die Nervositätsschleife durchbrochen.

Sinne: Die beiden zentralen Sinne der Rhetorik sind das Gehör und die Körperwahrnehmung.

Sprecherformanten: Dominantes Attribut der Stimme, erwünscht beim Sprechen vor Gruppen, beim Delegieren von Aufgaben und beim Abschluss. Akustisch gesehen sind Formanten besonders energiereiche Teiltöne im Obertonspektrum (→ *Obertöne*) der menschlichen Stimme im Frequenzbereich zwischen 2000 und 3500 Hertz. Sie sorgen für Glanz, Durchdringungs- und Tragfähigkeit der Stimme und finden ihre Entsprechung in der besonderen Empfindlichkeit des Gehörs für eben diesen Frequenzbereich.

Standpunkt: Umschreibung für stimmstärkende, aktive, den Zuhörern zugewandte Körperhaltung im Stehen. Merkmale sind eine auf die Zuhörer ausgerichtete Körperachse, guter beidbeiniger Bodenkontakt, ein »Surfbrettgefühl« (aktive Balance), gelöste Schultern und freie Ellbogen.

Stimmbänder: Alltagsbegriff für Stimmlippen. Die beiden Stimm-Muskeln im Kehlkopf werden bei der Stimmgebung durch Anblasen aus dem Brustkorb in Schwingung versetzt. Eine schnelle Aufwärmübung für Stimme und Artikulation ist, nach demselben Prinzip die Lippen flattern zu lassen.

Stimme: Akustisches Markenattribut des Menschen und Trägermedium der Kommunikation. Der stabile Anteil am Klang macht die Stimme wiedererkennbar. Die Variablen ermöglichen die Kommunikation. Stimmverhalten und Sprechweise sind hochgradig automatisiert, Ihr Zustandekommen gelangt deshalb kaum ins Bewusstsein. Darum setzt professionelles Stimmtraining hier an, um wieder absichtsvoll Einfluss auf die Stimme nehmen zu können, sei es über die Körpersprache, über die Wahrnehmung, Einstellungen, Rollenmuster, Sprachmuster, Emotionen oder Gedanken.

Tempo: Auch das Sprechtempo verlangt nach Abwechslung. Ein angenehmer Sprechrhythmus entsteht automatisch, wenn die körpersprachlichen Voraussetzungen dafür stimmen, etwa ein fester Stand oder aufrechtes Sitzen. Denn die Sprechimpulse wollen sich – bildhaft gesprochen – wie Wellen von tief innen über Schultern und Ellbogen bis zu den Fingerspitzen fortsetzen. Der Ton folgt dann ganz automatisch den Bewegungen, welche die Aussagen wohltuend akzentuieren.

Tragfähigkeit: Diese Stimmqualität signalisiert Lebensenergie und Spannkraft. Das Gegenteil dazu wäre eine brüchige oder raue oder müde Stimme. In Meetings oder beim Präsentieren erlaubt eine tragfähige Stimme, verständlich zu sprechen, ohne laut zu werden.

Verspannung: Über 100 Muskeln sind am Sprechen beteiligt. Wo immer Adrenalin überschießt, verändert es unweigerlich die Stimme – auch wenn Sie die Worte noch so präzise wählen. Ob es die Füße sind, die sich um das Stuhlbein winden, oder der Rücken, der sich nervös krümmt – Ihre Stimme ist der hörbare Teil Ihrer Körpersprache. Unmittelbar verändert sich der Ton, klingt höher, enger, gepresst oder rau.

Verständnispausen: Je nach Komplexität benötigt das Sprachzentrum bis zu fünf Sekunden, um die Tragweite des Gehörten gänzlich zu erfassen. Sind die Verständnispausen zu kurz, wird zwar jedes Wort sprachlich verstanden, die Sätze bleiben aber ohne Auswirkung und können nur unzureichend erinnert werden. Ein guter Indikator für die perfekte Länge von Verständnispausen ist die Reaktion des Gesprächspartners. Wenn der Groschen fällt, löst das immer zumindest eine mimische Reaktion oder ein Nicken aus. Oft folgt auch ein hörbares »Mmh!«.

Voice Awareness©: Von mir entwickeltes Coaching für die Stimme im Business. Anstelle zeitraubender Übungsprogramme stehen rasch umsetzbare Tools und Alltagsübungen für das Verkaufen, Verhandeln, Führen und Präsentieren im Vordergrund.

Volumen: Im Gegensatz zur Lautstärke bezeichnet das Volumen die Klangfülle der Stimme, speziell in den dunkleren Klangbereichen. → *Gähnräkeln*

Warm-up: Gezieltes kurzes Aufwärmtraining vor wichtigen Gesprächen oder Präsentationen wirkt Wunder. Aktivieren Sie Rumpf und Schultern für einen souveränen Körperausdruck sowie Stimmkraft, Mimik und Artikulationsmuskeln für mehr Volumen und Verständlichkeit; machen Sie Summübungen für den → *Eigenton*. Als Geheimwaffe gegen Nervosität, Zeitdruck und Verspannung nach längeren Autofahrten empfehle ich → *Blödeln*.

Zwerchfell: Wer verstehen will, weshalb die Körpersprache den Klang und den Ausdruck der Stimme so stark beeinflusst, findet die Erklärung beim Zwerchfell. Als wichtigster Atemmuskel des Menschen liefert es die Ausatemluft, die im Kehlkopf zum Schwingen gebracht wird. Es besteht aus einer großen Muskel-Doppelkuppel, die den Brustraum vom Bauchraum trennt. Vorne und seitlich am unteren Rand des Brustkorbs beginnend, wölbt sich dieser riesige Muskelfächer bis hinunter zur Lendenwirbelsäule, wo die Zwerchfellschenkel enden. Das erklärt, weshalb die Körpersprache zweifach starken Einfluss auf Stimme und Sprechweise nimmt: Wer geerdet und dynamisch steht, dabei die Knie nicht ganz durchstreckt, mobilisiert über das bewegliche Kreuz sein Zwerchfell. Die Stimme dankt, indem sie kräftiger, klarer und voluminöser klingt. Und wer ausdrucksstark gestikuliert und seine Worte mit den Händen unterstreicht und so seinen Brustkorb und die Schultern bewegt, animiert die Stimme zu mehr belebender Modulation und kraftvollen Tönen.

Quellen und Literatur

Literaturverzeichnis

Ambady, Nalini: *Surgeons' tone of voice: A clue to malpractice history.* Surgery Vol. 132, 2002

Bauer, Joachim: *Warum ich fühle, was Du fühlst. Intuitive Kommunikation und das Geheimnis der Spiegelneurone.* Hoffmann und Campe, Hamburg, 8. Auflage 2006

Baum, Thilo: *Komm zum Punkt! Das Rhetorik-Buch mit der Anti-Laber-Formel.* Eichborn-Verlag, Frankfurt / M. 2009

Berg, Reni: *Stimmwirkung – Ein kommunikationspsychologischer Faktor auch bei Führungskräften.* In: Geissner, Hellmut (Hrsg.): Das Phänomen Stimme in Kunst, Wissenschaft, Wirtschaft. Buch zu den 4. Stuttgarter Stimmtagen 2002, Röhrig Universitätsverlag GmbH, St. Ingbert 2004

Berkley, Susan: *Speak to influence. How to unlock the hidden power of your voice.* Campbell Hall Press, New Jersey 2004

Berne, Eric: *Was sagen Sie, nachdem Sie »Guten Tag« gesagt haben?* Fischer Taschenbuch Verlag, Frankfurt / M., 22. Auflage 2012

Böhnisch, Wolfgang: *Werkstatt für Verhandlungskunst. Bessere Verhandlungsergebnisse mit den richtigen Werkzeugen.* Shaker Media, Aachen 2009

Buehler, E. C.: *You sell with your voice.* Ronald Press Company, New York 2007

Cialdini, Robert B.: *Die Psychologie des Überzeugens.* Verlag Hans Huber, Bern 2007

Ciompi, Luc: *Die emotionalen Grundlagen des Denkens. Entwurf einer fraktalen Affektlogik.* Sammlung Vandenhoeck, Göttingen, 2. Auflage 1999

Damasio, Antonio R.: *Descartes' Irrtum. Fühlen, Denken und das menschliche Gehirn.* dtv, München, 3. Auflage 1998

Damasio, Antonio R.: *Ich fühle, also bin ich. Die Entschlüsselung des Bewusstseins.* List-Verlag, München, 3. Auflage 2001

Danz, Gerriet: *4 von 5 Präsentationen finden Führungskräfte langweilig. Umfrage unter 5000 deutschen Managern.* Institut Präsentarium, Hamburg 2012

Delaney, Peter et al.: *Remembering to Forget. The Amnesic Effect of Daydreaming.* Studie für die University of North Carolina, Greensboro, USA, veröffentlicht in: Psychological Science, Washington D.C. 2010

Eckert, Hartwig: *Sprechen Sie noch oder werden Sie schon verstanden? Persönlichkeitsentwicklung durch Kommunikation.* Reinhardt, München, 2. Auflage 2010

Etrillard, Stéphane: *Mit Diplomatie zum Ziel. Wie gute Beziehungen Ihr Leben leichter machen.* GABAL, Offenbach 2013

Etrillard, Stéphane: *Prinzip Souveränität: Als souveräne Persönlichkeit sicher entscheiden und handeln.* Junfermann Verlag, Paderborn 2006

Falk, Petra: *Bildungsniveau kann am Klang der Stimme erkannt werden.* Umfrage für das »Magazin Training«, Verlag Wirl, Wien 2012

Fiebach, Christian; Herrmann, Christoph: *Gehirn und Sprache.* Fischer Taschenbuch, Frankfurt / M. 2004

Fischbacher, Arno: *Bedeutung der Stimme am Beschwerdetelefon.* In: Rödl & Partner, Newsletter Beschwerdemanagement, Nürnberg 2006

Förster, Jens: *Unser Autopilot: Wie wir Wünsche verwirklichen und Ziele erreichen können. Von der Motivationspsychologie lernen.* Deutsche Verlags-Anstalt, München 2012

Global Leadership and Organizational Behavior Effectiveness. Studie, Neu Dehli 2004

Grant, Adam: *Besser extrovertiert oder introvertiert im Verkauf?* Studie an der US-Business-School Wharton, Pennsylvania 2012

Häusel, Hans-Georg: *Neuromarketing: Erkenntnisse der Hirnforschung für Markenführung, Werbung und Verkauf.* Haufe-Lexware, Freiburg 2012

Herwig, Uwe: *Aktive Körperwahrnehmung senkt Stress und negative Gefühle messbar*. Studie der Universität Zürich, veröffentlicht in: Neuroimage, Zürich 2009

Karmasin Motivforschung: *Karrierefaktor Stimme*. Studie im Auftrag von stimme.at, Wien 2006

Karmasin Motivforschung: *Wirtschaftsfaktor Stimme*. Studie im Auftrag von stimme.at, Wien 2004

Kettenmann, Helmut; Gibson, Meino (Hrsg.): *Kosmos Gehirn*. Neurowissenschaftliche Gesellschaft und Bundesministerium für Bildung und Forschung. Berlin, 2. Auflage 2002

Kross, Ethan: *Social rejection shares somatosensory representations with physical pain*. Studie für die University of Michigan, Ann Harbor 2011

Levinson, Wendy et al.: *Physician-patient communication. The relationship with malpractice claims among primary care physicians and surgeons*. Chicago 1997

Masters, Robert: *Neurosprache. Erleben, wie Sprache direkt auf den Körper wirkt*. VAK Verlag, Kirchzarten bei Freiburg, 5. Auflage 2011

Mayew, William J.; Parsons, Christopher A.; Venkatachalam, Mohan: *Voice pitch and the labor market success of male chief executive officers*. Studie, veröffentlicht in: Evolution and Human Behavior, Elsevier B.V. 2013

Mayrock, Annette: *Hilft »aktives Zuhören« im Coaching? Biographische Selbstpräsentation im Coaching*. Diplomarbeit an der Universität Jena, 2009

Mehrabian, Albert: *Nonverbal communication*. Aldine Publishers, Chicago 2007

Mehrabian, Albert: *Silent messages: Implicit communications and attitudes*. Wadsworth Publishing Company, Belmont 1972

Milzner, Georg: *Ericksons Söhne: Hypnotherapeutische Konzepte von Rossi, Gilligan und Yapko*. Carl-Auer-Systeme, Heidelberg 2005

Mothes-Lasch, Martin: *Konzentration auf Sehreize macht taub für Emotionen*. Studie für die Universität Jena, veröffentlicht in: Journal of Neuroscience, Washington 2011

Nørretranders, Tor: *Spüre die Welt. Die Wissenschaft des Bewußtseins*. Rowohlt, Reinbek 1997

Nummenmaa, Lauri: *Bodily maps of emotions*. Studie für das Department of Biomedical Engineering and Computational Science and Brain Research Unit, Aalto University, Aalto 2013

Pompino-Marschall, Bernd: *Einführung in die Phonetik.* De Gruiter Studienbuch, Berlin, 2. Auflage 2003

Scott, Brent: *Aufgesetztes Lächeln macht unproduktiv.* Studie für die Michigan State University, veröffentlicht in: Academy of Management Journal, New York 2011

Spitzer, Manfred: *Soziale Schmerzen. Warum sie auch wehtun und was daraus folgt.* In: W. Bertram (Hrsg.): Das (un)soziale Gehirn. Wie wir imitieren, kommunizieren und korrumpieren, Schattauer, Stuttgart 2013

Storch, Maja u. a.: Embodiment. *Die Wechselwirkung von Körper und Psyche verstehen und nutzen.* Huber, Bern 2010

Talab, Amin: *Der Verhandlungsmeister.* comeon-Bücherreihe, Wien, 2. Auflage 2012

Vroon, Piet: *Drei Hirne im Kopf. Warum wir nicht können wie wir wollen.* Kreuz-Verlag, Zürich 1993

Weber, Barbara: *Was die Stimme verrät.* Studie der TU Berlin zu Persönlichkeitsforschung und Sprechweise, Berlin 2012

Buch- und Hörempfehlungen

Adler, Eric: *Schlüsselfaktor Sozialkompetenz. Was uns allen fehlt und wir noch lernen können.* Econ-Verlag, Berlin 2012

Amon, Ingrid: *Die Macht der Stimme: Persönlichkeit durch Klang, Volumen und Dynamik.* Redline Verlag, Frankfurt / M. 2004

Buhr, Andreas: *Vertrieb geht heute anders. Wie Sie den Kunden 3.0 begeistern.* GABAL, Offenbach, 7. Auflage 2013

Enkelmann, Nikolaus B.; Tschernutter, Manfred: *Mehr als überzeugen. Suggestivtechniken erfolgreich einsetzen im Berufs- und Privatleben.* Linde, Wien 2006

Etrillard, Stéphane: *Mit Diplomatie zum Ziel. Wie gute Beziehungen Ihr Leben leichter machen.* GABAL, Offenbach 2013

Feldmann, Heinz: *Preisverhandlung leicht gemacht. Warum Menschen keine Rabatte und Nachlässe kaufen.* Redline-Verlag, Heidelberg 2005

Geyer, Günther; Ronzal, Wolfgang: *Führen und Verkaufen. Mehr Erfolg im Filialgeschäft von Banken und Sparkassen.* Gabler, Wiesbaden, 2. Auflage 2010

Graupner, Gaby: *Schattensprünge: 13 Anstöße, um über sich hinauszuwachsen.* Goldegg-Verlag, Wien 2014

Graupner, Gaby: *Verkaufe dein Produkt, nicht deine Seele: Kunden ernst nehmen – Verkaufschancen erhöhen – Gespräche führen ohne Druck.* Gabler, Wiesbaden 2010

Häusel, Hans-Georg: *Brain View: Warum Kunden kaufen.* Haufe-Lexware, Freiburg, 3. Auflage 2012

Heinrich, Stephan: *Verkaufen an Top-Entscheider. Wie Sie mit Vision Selling Gewinn bringende Geschäfte in der Chefetage abschließen.* Gabler, Wiesbaden, 3. Auflage 2013

Limbeck, Martin: *Nicht verkauft hat er schon. So denken Top-Verkäufer.* Redline-Verlag, München, 7. Auflage 2011

Rauchberger, Ingeborg: *Schlagfertigkeit war gestern! Gespräche und Verhandlungen erfolgreich führen – von roten Fäden und verbalen Fettnäpfchen.* Börsenmedien, Kulmbach 2012

Schäfer, Lars: *Emotionales Verkaufen: Was Ihre Kunden WIRKLICH wollen.* GABAL, Offenbach, 4. Auflage 2014

Taxis, Tim: *Heiß auf Kaltakquise: So vervielfachen Sie Ihre Erfolgsquote am Telefon.* Haufe-Lexware, Freiburg, 2. Auflage 2013

Tomas, Jens; Schmidt-Tanger, Martina; Tschepp, Christian: *MILTON! Sprachliche Brillanz für professionelle Kommunikatoren.* PraxisTraining »Hypnotische Sprachmuster«, Trainingsbox mit CD, Junfermann Verlag, Paderborn 2004

Tripolt, Niklas: *Kundensignale erkennen – Verkaufschancen nutzen. Sieben Wege zum erfolgreichen Verkaufsabschluss.* Signum-Verlag, München 2006

Verra, Stefan: *Körpersprache im Verkauf. Überzeugend wirken – mitreißend kommunizieren.* Signum-Verlag, Wien 2007

Bibliografie Arno Fischbacher

Fischbacher, Arno: *Geheimer Verführer Stimme. 77 Antworten zur unbewussten Macht in der Kommunikation.* Junfermann Verlag, Paderborn, 3. Auflage 2012

Fischbacher, Arno: *Hörbuch Geheimer Verführer Stimme.* Edition Voice Sells!, Salzburg 2013

Fischbacher, Arno: *In fünf Schritten zur überzeugenden Rednerstimme.* In: Nikolaus B. Enkelmann (Hrsg.): Die besten Ideen für erfolgreiche Rhetorik: Erfolgreiche Speaker verraten ihre besten Konzepte und geben Impulse für die Praxis. GABAL, Offenbach 2011

Fischbacher, Arno und Welzel, Ulrich: *Wie Erben zu Kunden werden. Die schmale Gratwanderung im Umgang mit Trauer.* In: Gesteuerte Vermögensübertragung: Erfolgreiche Nachfolgeplanung und deren Umsetzung durch Banken und Sparkassen. Finanz Colloquium, Heidelberg 2011

Fischbacher, Arno: *Der Ton macht die Musik. Stimmgesundheit als wirtschaftlicher Erfolgsfaktor.* In: Buchenau, Peter H.: Chefsache Gesundheit: Der Führungsratgeber fürs 21. Jahrhundert. Springer Gabler, Wiesbaden 2013

Fischbacher, Arno: *Die Stimme im Smalltalk* (Interview). In: Bleckmann, Magda: Kleines Smalltalk 1x1. Leykam, Graz 2013

Fischbacher, Arno: *Die Macht der Stimme in Beratung und Therapie.* DVD, Auditorium Netzwerk, 2012

Fischbacher, Arno: *Die Stimme verkauft! Sales-Up-Call mit Stephan Heinrich.* Hörbuch-Download, Heinrich Management Consulting, Trier 2013

Danksagung

Über das Thema »Stimme« ist schon viel geschrieben worden. Umso bedeutsamer erscheinen mir der große Erfolg und die starke Resonanz, die mein »Geheimer Verführer Stimme« erfahren hat. Danke für die vielen begeisterten Stimmen zu meinem ersten Buch und Dir, Stéphane Etrillard, danke für den Anstoß dazu. Das alles hat mich motiviert, weiterzuforschen und weiterzuschreiben.

Euch allen im Europäischen Netzwerk der Stimmexperten stimme.at, allen voran Ingrid Amon, danke ich für die wunderbare Bereitschaft, mit mir unser Thema »Stimme« in Wirtschaft und Gesellschaft hinauszutragen.

Ich danke all meinen Trainingskunden, die mir mit jedem Auftrag bestätigen, wie essenziell die Stimme für den Erfolg beim Kunden ist.

Meiner Frau Margret danke ich für wesentliche inhaltliche Hinweise und den bereichernden Austausch.

Für Konzeptideen und Tipps bei der Umsetzung danke ich Petra Begemann und Gabriele Borgmann. Dem Team bei GABAL um Ute Flockenhaus sei gedankt für die professionelle Verlagsarbeit.

Monika Paitl von Communications9 in Salzburg – danke für die exzellente Pressebetreuung!

Meinem Team, Kathleen Schütz und Susann Lehmitz, danke ich für die großartige Unterstützung in der Zeit des Schreibens.

Über den Autor

Das Wirtschaftsblatt schreibt über Arno Fischbacher: »*Stimm-Seminare mit Arno Fischbacher bescheren den einen oder anderen Aha-Effekt. Und die Erkenntnis: Stimme ist Macht.*«

Arno Fischbacher ist Speaker, Stimmcoach für die Wirtschaft, Rhetoriktrainer und Autor. Zu seinen Kunden zählen Top-Unternehmen in Deutschland und Österreich. Führungskräfte und Medienmanager schätzen ihn als Experten für die unbewusste Macht der Stimme in Vertrieb, Kundenservice und Management.

Arno Fischbacher weiß, wie Stimme wirkt. Als Schauspieler und Moderator besticht er durch sein mitreißendes Auftreten und durch eine Fülle an praktischen, sofort anwendbaren Tipps. Sein Fokus ist auf die schnelle Umsetzbarkeit gerichtet. Er entwickelte Voice Awareness©, um das Wissen der Psycholinguistik und Wahrnehmungsforschung für Verkäufer und Management praktisch nutzbar zu machen.

Nach seiner Ausbildung zum Goldschmied und zum Schauspieler zählte Arno Fischbacher zwei Jahrzehnte zum Stamm-Ensemble des heutigen Schauspielhauses Salzburg. Er spielte bei den Salzburger Festspielen und in Film- und Fernsehproduktionen. Von 1985 bis 1996 leitete er das Theater als kaufmännischer Direktor. 1997 verließ er die Bühne,